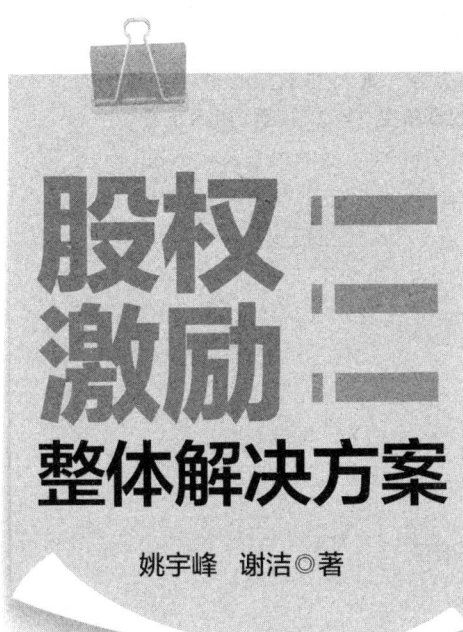

股权激励
整体解决方案

姚宇峰 谢洁◎著

中国经济出版社
CHINA ECONOMIC PUBLISHING HOUSE

·北京·

图书在版编目（CIP）数据

股权激励整体解决方案/姚宇峰，谢洁著．
北京：中国经济出版社，2018.3（2021.1重印）
ISBN 978-7-5136-5026-7

Ⅰ.①股… Ⅱ.①姚… ②谢… Ⅲ.①股权激励 Ⅳ.①F272.923

中国版本图书馆 CIP 数据核字（2017）第 308625 号

责任编辑　王　蕾　高晓晔
责任印制　马小宾
封面设计　任燕飞设计室

出版发行	中国经济出版社
印刷者	北京柏力行彩印有限公司
经销者	各地新华书店
开　本	710mm×1000mm　1/16
印　张	16.75
字　数	214 千字
版　次	2018 年 3 月第 1 版
印　次	2021 年 1 月第 7 次
定　价	58.00 元

广告经营许可证　京西工商广字第 8179 号

中国经济出版社 网址 www.economyph.com 社址 北京市西城区百万庄北街 3 号 邮编 100037
本版图书如存在印装质量问题，请与本社发行中心联系调换（联系电话：010-68330607）

版权所有　盗版必究（举报电话：010-68355416　010-68319282）
国家版权局反盗版举报中心（举报电话：12390）　　服务热线：010-88386794

前言

2013年创业后，小米科技以闪电般的速度成为了中国知名手机品牌，在经历了2016年的低迷后，2017年出现了再次逆袭和崛起，手机年出货量达到了9000多万部，奋起直追成为了世界第五大手机制造商。

不只是小米公司，奇虎360、乐视、阿里巴巴、华为、腾讯、百度、网易等，这些公司在最初创业之时，不过是一些组织结构相对简单的小公司，仅仅过去了短短的数十年甚至数年，纷纷成长为中国及至世界上著名的科技公司，究其背后的原因，主要都是得益于股权激励的治理之道。

从根本上来看，股权激励的基础就是选对人，因为企业的竞争早已成为了人才的竞争。尤其对于初创企业，公司能否选对人，几乎成为了企业能否健康发展的关键。小米科技创业时雷军和他的创业团队成员，个个都是行业翘楚：洪锋是谷歌高级工程师，林斌是谷歌研究院副院长，黎万强是金山软件人机交互设计总监、金山词霸总经理，黄江吉是微软工程院首席工程师，周光平是摩托罗拉北京研发中心总工程师，刘德则是一位来自世界顶级设计院校ArtCenter毕业的工业设计师。拥有如此强大的创业团队，小米手机如行业里的一匹黑马般脱颖而出也就不足为奇了。而2017年，小米公司的成功逆袭，更是得益于雷军一直以来的选人之道，据悉，他每天百分之七十的时间都是在寻找人才。这种创业后时刻对人才的重视，使得小米公司拥有了长足发展的基础。

当然，企业要发展，选对人只是基础，还要懂得如何分好钱，即如何通过股权激励不断激发团队内部成员，同时吸引外部优秀人才加盟，这才是企业持续发展的动力。在分好钱这件事上，华为可以说是做得最为出众的公司之一。

在众多民营企业中，华为始终坚持不上市，这与当今众多创业公司的做法截然相反。华为虽没有借助资本市场的力量，但企业通过股权激励的方式一样产生了令世人瞩目的发展速度。在最初实施股权激励时，华为的目的很明确：一为融资，二为激励人才。因此才有了员工持股计划，当时员工参股的价格为每股10元，公司以税后利润的15%作为股权分红。在这种原则下，华为员工的薪酬由工资、奖金和股票分红组成，由于分红数量可观，许多老员工始终有着较高的薪酬水平。公司优秀人才在股权激励制度下出现了长期稳定的发展局面，同时这一制度也对外部人才产生了强大的吸引力。

股权激励的终极体现，就是选对人、分好钱。雷军选对了人，所以成就了如今别具一格的"小米生态"产业链，无论公司推出什么产品，都能拥有一定的市场；华为分好了钱，因此发展为敢于同苹果、三星等世界一流企业叫板的中国明星企业。

希望读者通过阅读本书，早日寻找到属于自己企业的股权激励整体解决方案，让企业在确保控制权不流失的情况下，吸引更多优秀人才加盟，给企业提供更多持续发展的动力，让企业实现飞速发展。

目 录
CONTENTS

第1章 股权激励：企业实现愿景的天使

当下的市场竞争，早已不仅是单纯的产品间的竞争，而是深化为越来越激烈的人才竞争。通过股权激励，吸引到更多的优秀人才加盟，企业才会具有持续奋进的动力，才能在新一轮的竞争中脱颖而出。

1.1	解放思想：企业经营的核心是人才	3
1.2	钱权合一：解放老板，放飞员工	9
1.3	多劳多得：企业和员工共同放飞梦想	13
1.4	纵深发展：刺激上游动力，盘活下游潜力	19

第2章 激励方式：方式不同，激励的权和利也不同

股权激励不只是企业拿出钱给员工，还有"权"的激励。只有更好地从股权激励中的"权"与"利"出发，掌握各类激励方式的核心，才能达成最终的激励目的。

2.1	只分利的激励方式	25
2.2	先分利再分权的激励方式	40
2.3	分权分利的激励方式	49

第3章 激励要素：抓住九大核心，落实激励计划

股权激励不仅仅是企业拿出一定的"权"和"利"分给员工，在具体的激励计划实施过程中，还要明确九大核心要素，只有将这些核心要素一一落实，激励计划才算科学完备。

3.1 确定目标：确定企业未来的发展方向　　57

3.2 确定类型：选择最适合的激励方式　　62

3.3 确定条件：明确激励对象取得股权与行权的条件　　69

3.4 确定规则：无规则难以激励　　77

3.5 确定人员：选对人才能分好钱　　84

3.6 确定价格：合理的价格才能起到激励的效果　　96

3.7 确定数量：股权激励的份额要合理　　104

3.8 确定时间：明晰激励计划中各环节的时间表　　111

3.9 确定来源：股票（股份）和资金的来源要合法　　116

第4章 激励考核：没有考核，就无法检验激励的效果

激励考核在整个激励计划中至关重要。激励计划设计得再完美，如果没有完善的考核体系，激励也只是"镜中花、水中月"。

4.1 业绩考核　　125

4.2 绩效考核　　129

4.3 激励考核的方法　　134

第5章 激励流程：按部就班，推进激励计划

履行好激励流程中的每一个环节，激励计划才能像一艘小船顺利启航。虽然流程略显古板，但每一环节都是一座浮桥，走好脚下的每一步，才能顺利到达成功彼岸。

5.1	制定激励目标	149
5.2	起草激励方案	154
5.3	明确考核条件	158
5.4	方案决议	163
5.5	召开说明会	168
5.6	签署协议	172
5.7	考核行权	176
5.8	股权转让与回购	180

第6章 激励选择：企业所处时期不同，激励方式也不同

现有的激励方式可以作为企业实施股权激励时的模板，但并不是每一种方式都适合所有的企业。激励方式的选择，往往与企业所处的发展时期有着密切的关系。处于不同时期的企业，只有选择适合当下的激励方式，才能最终达到预期的激励效果。

6.1	初创期的股权激励选择	187
6.2	发展期的股权激励选择	193
6.3	成熟期的股权激励选择	199

第7章
股权控制：激励不能逾越控制权的底线

企业的发展少不了股权激励这一助推手段，但是企业又不能过于倚重这一手段，因为一旦股权激励越过了底线，势必会引发企业股权不同程度的流失。而股权的流失，则意味着企业将面临更大的生存危机。

7.1　股权激励的九大生命线　　　　　　　　　209

7.2　从股权激励设计源头掌控股权　　　　　　224

7.3　控制股权的激励方式　　　　　　　　　　231

第8章
激励风险：认识风险，才能更好地规避风险

股权激励能够刺激企业的发展，但激励不当，也会产生各种各样的风险。因此，需要认识风险并找出各个风险基因，制定出规避风险的举措。

8.1　股权激励的四种风险　　　　　　　　　　239

8.2　股权激励容易引发的四种风险后果　　　　247

8.3　三种股权激励的风险防范策略　　　　　　254

第1章

股权激励：
企业实现愿景的天使

当下的市场竞争，早已不仅是单纯的产品间的竞争，而是深化为越来越激烈的人才竞争。通过股权激励，吸引到更多的优秀人才加盟，企业才会具有持续奋进的动力，才能在新一轮的竞争中脱颖而出。

1.1 解放思想：企业经营的核心是人才

科技的发展，使得企业间的竞争归结为人才的竞争。未来社会，只有那些懂得用股权激励的方式来经营人才的企业，才能不断提升自身竞争力。所以，经营企业，其实是对企业老板思想观念上的一种解放。

1.1.1 激发员工的"核动力"

股权激励，就是老板通过某种方式让员工拥有公司的股权或利益，从而充分调动起员工工作的激情，激发员工内心的"核动力"，努力工作。对被激励员工而言，此时的工作已经不单是一份工作，而是自己奋斗的事业。这样一来，员工自然会改变被动工作的状态，变被动为主动。因为只有把工作做好，公司实现了不断盈利，自己才能够按照相应的比例，获得更大的经济收益。此时，被激励员工收益的已经不仅仅是企业的利润，更多的是一份事业上成功的喜悦。

所以，在经营企业时，老板一定要学会以股权激励的方式，充分调动起员工内心努力工作的"核动力"，这样企业才能在员工120%的努力之下，得以快速发展和壮大（见图1-1）。

为什么要激发员工的"核动力"？原因主要有以下三点。

（1）"核动力"就是员工的潜能。企业激励员工的目的，不是让员工

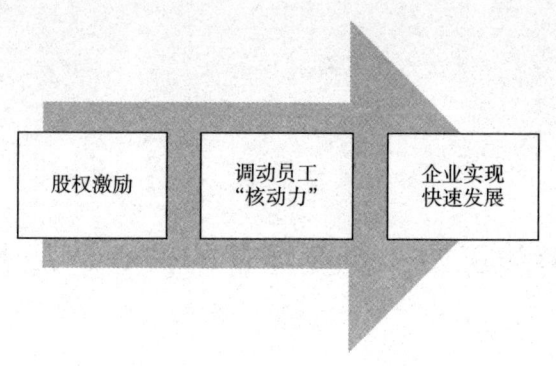

图1-1 股权激励激发员工"核动力"

百分之百地发挥出自己的能量,而是将员工的潜能百分之二百地调动起来。只有充分调动起员工的潜能,使其将潜能发挥到极致,企业才可能会有大的发展。

(2)激励是手段,不是最终目的。企业最终的目的是大力发展,而即便是以科技为主的企业,发展也不可能只靠老板。企业最根本的发展动力还在员工,且企业的发展与员工的工作态度呈正比。

(3)单个激励的效果只能是个体的,在通过激励充分激发出个人潜能的同时,企业还应注意团队的整体激励,充分调动起团队的工作激情,从而最终实现公司的飞跃式发展。

微软公司之所以得到了长期的快速发展,就是采用了一种股票期权的股权激励,并且是针对公司的每一个员工,只不过相应的激励比例有所不同。公司每一位员工都可以拥有公司的股票,享受到15%的优惠,管理层或公司核心技术骨干的优惠幅度更大。股票期权的有效期不长,只要公司正式职员工作满一年后,公司即授予一定数量的股票买卖特权。

在这种激励模式下,微软公司职员的工资虽然不高,甚至还低于同行业的工资水平,但这种"低工资高股份"的激励模式,充分调动起了职员内心的"核动力",让所有微软公司的职员尽心尽力地去工作。因为只要工作出色,就会得到重用,就会以更优惠的价格获得公司的股票。

在这种激励模式下,无论是微软公司,还是创始人比尔·盖茨的个人财富,均得到了快速发展。

◎ 股权激励疑难问答

问: 年终奖同样是一种激励,为什么还要实施股权激励?

答: 年终奖的确是一种激励。但是对于企业来说,尤其是发展中的小公司,因公司业绩不稳定,加上公司在发展阶段,实现短期盈利很难,使得公司的现金流不够充实,导致影响年终奖的发放,以及年终奖发放的数额。这时候,股权激励,尤其是通过限制性股票或期权等方式,能够很好地缓解公司眼前资金困难的压力,同时还能够让员工因对公司未来发展无比憧憬,而充分调动起他们内心的"核动力",真正做到勤奋工作。所以,股权激励的方式,远远胜于年终奖的发放。

1.1.2 实现利益相关者的共赢

股权激励的目标是发展公司,因此激励的对象应是公司发展过程中所有起到重要作用的员工,也就是企业发展这条经济链上每一个重要的利益相关者。企业通过对这一利益链上每一个环节的激励,促使他们努力工作,最终促成企业的快速发展。企业在发展的过程中,由于对每一个环节均进行了激励,从而形成了这条利益链上每一个相关者的共同受益,达到了共赢(见图1-2)。

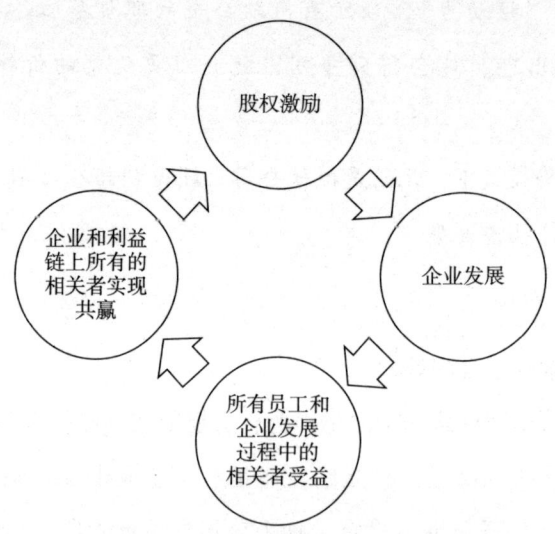

图 1-2　企业与利益相关者共赢

2016年初,某四川小吃连锁店从快速提升业绩出发,对13个连锁店实施了一份股权激励计划:所有员工超额完成工作任务后,公司以提取10%超额奖的方式进行激励。其中,对店长统一以成本价授予公司8%的股份。2017年3月,公司业绩提升了58%,13名店长得到了相应的公司股份,90%以上的员工也得到了不同数量的资金。这份股权激励计划,让公司和员工实现了利益的共赢。

◎股权激励疑难问答

问:利益相关者是不是包括公司的所有员工?

答:原则上包括,但真正到最后落实激励计划时,往往是业绩超过公司当初所定目标的员工,才会获得奖励,而不达标的员工还可能会受到相应的处罚。

1.1.3 吸引外部人才的加盟

股权激励除了对内部员工会形成激励作用外，对企业外部的人才也会形成一种吸引。因为企业一旦拥有了完善的激励机制，内部员工就会在多劳多得的前提下，充分发挥出自身的价值，个人收益自然会随着公司的业绩提升，形成一种良性循环。这样，对外部的人才无形之中也会形成一种吸引力（见图1-3）。

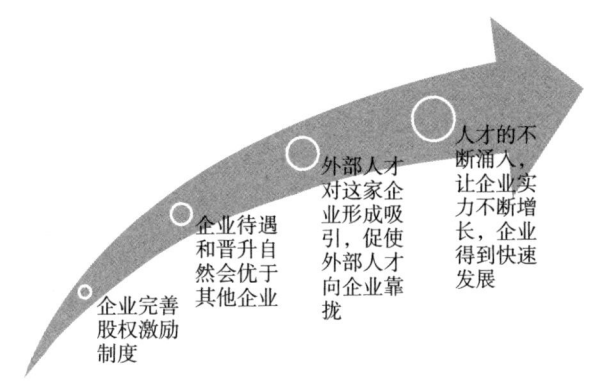

图1-3　股权激励吸引外部人才

在这一方面，阿里巴巴很早就建立起了一项长期的股权激励制度，这种激励制度就是"薪酬+期权"，即员工入职后，公司会逐步以期权的形式激励员工。据悉，在阿里巴巴内部的一个普通部门经理的工资每月大约只有1万元，但其因业绩所获得的公司股票的期权数量，却足以让其收获更多的利益。这也使得公司对外部人才形成了强大的吸引力，吸引了众多外部人才不断加盟。比如公司在研究Yun OS系统时，曾吸引了全球众多顶级工程师的加盟，使阿里在实施后三五年间，就成功推出了Yun OS系统。

因此，企业要想吸引外部人才，股权激励计划的时间不能过于短暂，要从长远利益出发，建立健全激励机制。这样，企业才能对外部人才形成持久的吸引力。

◎ **股权激励疑难问答**

问：企业只要工资高，不同样能够吸引外部人才吗？

答：是的。但是，如果只是纯粹的高工资，虽然同样能够吸引人才，但相对于企业来说，高工资往往意味着人工成本的增加。在外部人才加盟公司后，其是否有能力为企业带来收益，还是一个未知数。一旦用人失败，企业不仅会多付出用人成本，还会面临更大的风险，尤其是对缺钱的初创企业来说更是如此。

1.2 钱权合一：解放老板，放飞员工

股权激励，老板除了给予员工资金激励外，还要懂得出让一定的股权。只有在这种"权"和"钱"的激励下，老板才能实现真正放权，让员工通过激励获得尽情展现自身能力和价值的机会。

1.2.1 让员工更关注公司的长期价值

关注某公司现在的估值多少，并没有多大意义。因为，这只是公司现有的价值，现有的价值不等于以后的价值。即使公司现有价值较高，也不代表着以后一定会持续增长。这涉及一个公司长期价值的问题。

对创业不久的公司来说，可能会出现估值被大幅看低的情况。这是因为公司尚未体现出商业价值，而一旦这种价值体现出来，或者未来的价值发展趋势体现出来时，那么其就具有了长期的价值。

股权激励的目的，就是老板让员工在公司未来价值尚未体现时就体现出来，这样才能花小钱，甚至不花一分钱就能实现大梦想（见图1-4）。

作为创办20多年的一家民营企业，华为之所以发展得如此迅猛，就是源于公司早在1997年，就在逐步提升工资的同时开始实施股权激励计划，加大员工持股的比例，使得员工的回报率高达70%以上。2001年以后，公

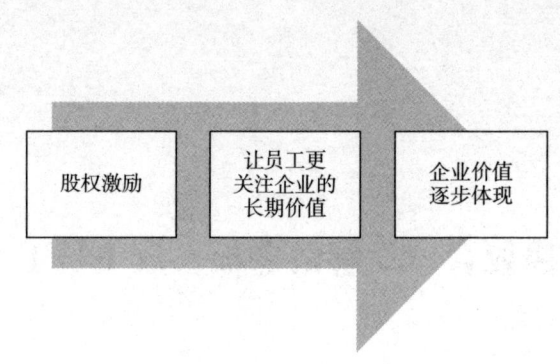

图1-4　员工关注企业长期价值

司又开始调整股权结构,以期权激励为主,实现了全员持股。仅2001年一年,华为即实现了2.64元/股的增值。同时,这种激励也让员工更加关注公司的长远价值,使得2017年公司的手机出货量达到了世界第三,仅仅次于三星与苹果。

可见,企业要想确保长期价值的体现,必须有着一定的股权激励指导思想。

(1) 人才为本。人才是生产力中最活跃、最根本的因素,是企业的灵魂所在。只有拥有人才,企业的价值才能不断体现出来。因此,尊重知识,尊重人才,是每一家企业在经营企业时的根本思想。

(2) 文化为根。企业长期价值的体现,从企业文化中可见一斑。优秀的企业文化,能够促进企业持续发展,增强企业活力并提高企业竞争力。因此,企业应重视企业文化——创新文化、诚信文化和团队文化。

(3) 服务为宗。无论是什么类型的企业,生产的是什么样的产品,其最终目的都应是以服务为核心。产品不断更新换代,都应建立在服务客户的基础上,要始终做到"以客户为导向,以方案为根本,以满意为原则"。这样,企业在不断提升产品客服体验的同时,也能拥有持续增长的长期价值。

◎ 股权激励疑难问答

问：是不是激励的时间越短，越难让员工看到公司的长远价值？

答：不一定。因为激励的时间往往和企业的发展战略有着重要的关系。因此，要想让员工关注企业的长远价值，企业在实施激励时，一定要让其明白激励的目的所在。只要是基于战略发展的目的所实施的激励，哪怕时间再短，都是公司局部激励的重点。但是，公司在实施短期激励的同时，依然要形成有效的、长期的激励机制。

1.2.2 培养企业文化，满足员工的创业梦想

企业文化，是企业为解决自身生存和发展问题而形成的一种基本信念和认知。对一家企业而言，企业文化多数体现的是企业管理者的核心主张，如价值观、仪式、信念、符号和处事方式等。企业员工只要深刻了解到了企业文化，就能够明白企业的价值观等。反过来，企业在企业文化的影响下，同样会实施符合企业文化需求的激励计划。

比如万科企业股份有限公司，"让建筑赞美生命"就是企业的核心理念，也是万科的产品的核心价值观。由此，万科延伸出了"万科之道"——客户是最稀缺的资源，是万科存在的全部理由；"万科理念"——住宅建筑是一种与各种形态的生命息息相关的事业，作为住宅的建设者，满怀尊重之心，为人们建设安全、安心的绿色住宅，并创造和谐、健康丰盛的阳光生活；"万科愿景"——成为中国房地产行业持续领跑者，卓越的绿色企业；"万科使命"——努力推动行业规则的建设，不断完善生产方式、技术和管理，提高行业规范化程度，实现"有质量增长"并推动行业技术进步。

这些，都是万科的企业文化所在。在企业文化的指导下，万科实施股权激励，其方式满怀尊重之心，采取项目与负责员工合伙经营的方式，即某一项目公司投入一部分，相关的员工投入一部分，从而将企业在某一项目中的盈利出让给员工。这样一来，员工虽然没创办公司，却实现了身在企业的自主创业。就某一个项目而言，相关员工均为大大小小的股东。

万科合伙制的股权激励方式，不仅培养和深化了企业文化，同时也满足了员工的创业梦想，让员工不脱离企业即实现了创业。

◎ 股权激励疑难问答

问：企业如何通过激励让员工实现创业梦想？

答：让员工实现创业梦想，企业必须通过大比例出让股票或股份的方式。激励的方式不仅仅是给予利益，还要出让权力。但通常而言，在多数企业实施激励计划时，只有高管或技术骨干才会享受到这一机会。因此，像万科以项目合伙的方式进行激励，无疑在激励实现员工创业梦想方面，为其他企业提供了一种很好的借鉴。

1.3
多劳多得：企业和员工共同放飞梦想

股权激励从本质上而言，体现的是一种多劳多得的原则，即企业通过出让部分股权或利益，达到员工获得激励和企业得以快速发展的目的。这是一种共赢的管理之道。

1.3.1 让利于民，实现企业愿景

愿景是企业的一种长期追求，比追求高出一个层次。每一家企业都会有不同的愿景，而要实现企业的愿景，就必须让所有员工都努力工作。因此，股权激励的实质，就是老板让利于员工，从而使员工获得努力工作的动力（见图1-5）。但凡优秀的企业，无不一直在实践着"让利于民"的激励。

支付宝从阿里巴巴脱离后，归于蚂蚁金服。虽然马云用500万元的资金控制着支付宝，但实际上他持有的股份只有8.8%，其余股份，除了几位合伙人和投资机构持有外，均由蚂蚁金服的所有员工持有。在这种全员持股的激励计划之下，马云实现了充分的让利于民。公司一旦上市，持有蚂蚁金服股份的员工，会获得巨大的收益。

也正是这一点，激发了蚂蚁金服所有员工的工作激情。蚂蚁金服从成

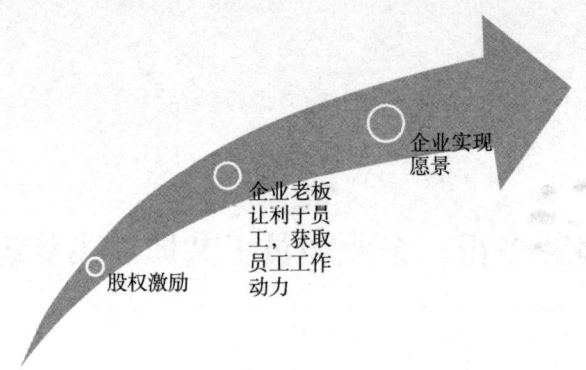

图1–5　股权激励—企业实现愿景

立至今,一直处于高速的业绩增长状态,马云的"让天下没有难做的生意"这一企业愿景也逐步得以实现。

由此可见,企业要想实现愿景,就必须学会"让利于民",而要做到"让利于民",就必须学会股权激励。

◎股权激励疑难问答

问:"让利于民"必须实现全员持股吗?

答:不一定。企业建立了合理健全的激励体制,并不一定要实现全员持股,因为在健全的激励体制之下,只有通过自身的努力,奉行多劳多得的员工,才有机会在激励计划中持股。

1.3.2　创新激励,老板与员工并肩作战

创新,是指员工利用工作时间做出技术或产品的创新与突破,这种创新往往会让企业的利润大幅提升。对于某些公司,员工创新甚至是企业生死存亡的关键。因此,虽然不能算是员工个人的知识产权,但公司应当对

员工的创新之举,给予一定的现金奖励、股份奖励,或是奖金+股份的奖励。一来是表彰员工的创新之举,二来也能起到很好的示范作用,激发其他员工在工作中不断去创新,以实现与老板并肩作战,更好地推动公司向前发展(见图1-6)。

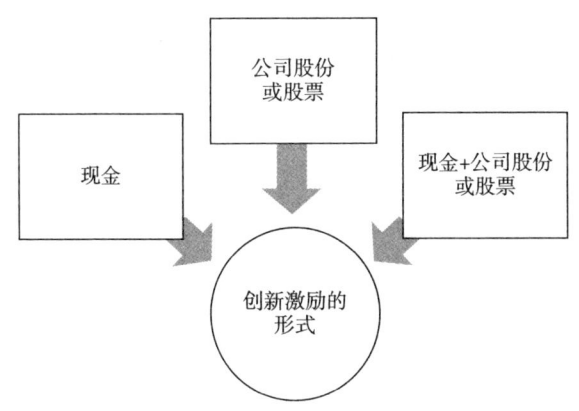

图1-6 创新激励的形式

谷歌自创办以来,一直致力于互联网搜索、广告技术、云计算等领域,在不断开发新技术以及创新激励上,谷歌的做法值得很多企业,尤其是科技型公司借鉴。

谷歌的创始人拉里·佩奇要求:工程师们每周都必须花1天时间在个人感兴趣的项目上;在上班期间,每位员工每天都可以有1/3的时间用在自己感兴趣的事情上。当然,他有一个条件:一旦某位员工有了创新发明,一定要将专利卖给谷歌。

另外,拉里·佩奇还成立了一个神秘部门叫Google X,机密程度堪比美国的中央情报局,许多谷歌高层都不知道这个部门整天在做什么。

事实上,这个部门就是专门研究无人机、谷歌眼镜等发明的团队。一旦员工有了新发明或技术创新,公司都会以较高的价格买过来,且会根据创新程度和对谷歌的贡献,给予员工现金奖励或股票奖励。

在这种大力鼓励创新的激励制度下，谷歌的技术一直处于世界前沿，公司也得到了持续发展。

企业实施创新激励时的注意事项：

（1）关注当地政府的相关创新激励政策。企业在自行设定创新激励时，应参考当地政府的相关文件。因各地政府制定的政策不尽相同，所以应以当地政府颁布的规则为准。一旦本企业的员工达到了条件，应积极向当地政府申请。

（2）根据自身情况，制定适合企业的创新激励制度。在设置创新激励方案时，企业可根据自身的情况予以不同条件的奖励，如股份或股票激励。上市公司可给予一定数量的公司股票；非上市公司可视股东意愿，给予一定的公司股份奖励。

（3）创新激励不能有"偏见"。虽然创新激励的激励对象，多数针对公司的技术骨干，但也不能排除普通员工因自己兴趣所致的发明创新。如果普通员工是完全利用业余时间，并在没有使用公司设备的情况下发明了创新技术时，此时就不仅仅是给予创新激励，而应当以独立的知识产权对待。如果是利用公司现有技术做出了创新，应以创新激励的方式对待。

◎ **股权激励疑难问答**

问：如果员工创新是利用工作时间完成的，属于工作行为，为什么还要激励？

答：从行为上来说，这一创新结果是员工花费上班时间，利用公司的设备完成的，但如果没有员工的智慧，是很难实现创新的。对创新人员实施现金或现金＋股份的激励，既是对他们行为的一种肯定，同时也是对其他员工的一种鞭策，以激励所有员工都为公司的发展而尽心努力。

1.3.3 合伙激励,企业和员工共同成长

合伙激励,是指企业在实施股权激励时,是以和激励对象合伙的形式实现的。这种激励企业与激励对象合伙制,双方可以以成立新的合伙制企业的方式出现,也可不成立新的合伙企业,只是就某一项目实施合伙(见图1-7)。

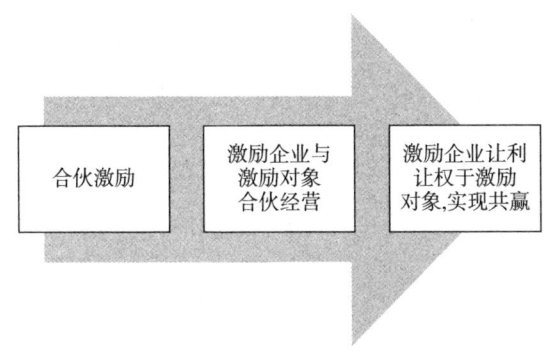

图1-7 合伙激励

在合伙激励中,无论是激励企业,还是被激励对象,都是以共赢为目标的。因此,在合伙激励中,合伙的最终目的必须高度一致。

荣昌公司是一家初创不久的软件开发公司,针对的主要是互联网教育应用软件的研发。公司为了实现快速发展,决定对5名公司技术骨干实施股权激励,考虑到这5名技术骨干在公司拥有无以替代的技术,最终公司股东决定出让20%的公司股份,授予他们。这样一来,虽然公司从形式上并未改为合伙企业,但是实质上股份的出让,已经让这5名技术骨干从最初的打工者变为了公司的小股东。最终,这5名技术骨干发奋图强,使得公司在软件开发上取得了相当大的突破,公司业绩也得到了飞速提升。

由此可见，对于那些在公司发展中起着重要作用的人员，公司股东给予其适当的股份激励，更能牢牢留住员工，实现企业的快速发展。

> ◎股权激励疑难问答
>
> 问：什么样的企业更适合合伙激励？
>
> 答：以科技为主的初创公司，这类公司多数是以重技术、轻资产为主的方式出现，缺少技术，又缺少现金，所以更为适合采取技术+资金+管理式的合伙激励。

1.4
纵深发展：刺激上游动力，盘活下游潜力

在股权激励中，企业要想做到良好发展，激励的对象就不能只局限于企业内部，应关注到产业链中的上游企业，同时也不能忽视下游企业。这样，企业才能做到多方位、全角度地向纵深发展。

1.4.1 激励上游企业，提升产品竞争力

上游企业，是指就公司所处的产业链中，位于原料或零部件供给的那些企业。企业在股权激励计划中，不能忽视上游企业。从归属而言，上游企业虽然并不属于企业本身，但是却对企业的发展起着重要的作用。因为，企业在生产过程中，需要上游企业为自身提供生产或再加工所需要的原料或是零部件产品，所以企业对其依靠较大，原材料或是零部件的价格和数量同样影响着企业的产品竞争力和利润（见图1-8）。

永辉超市是一家首次将生鲜引入超市的连锁超市，在实施股权激励时，除了在内部实施部门与超市合伙的激励方式外，公司还不忘对上游蔬菜供应商进行激励。

这是因为，公司为了确保卖到消费者手中的蔬菜为新鲜蔬菜，就必须了解到上游供应蔬菜的基础人员在什么时候收割下来的蔬菜才是最容易保鲜

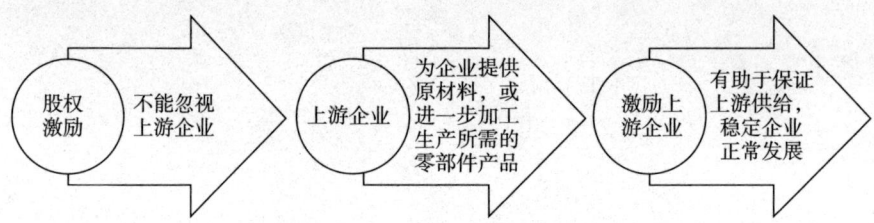

图1-8　激励上游企业

的,以及什么时候最不容易让蔬菜保鲜。而正是因为永辉超市对上游企业实施了激励,使得超市内所卖的蔬菜都能够一直保有新鲜的面孔,消费者也能从超市里买到最为新鲜的蔬菜。这种激励使得永辉超市得到了消费者更高的青睐,公司业绩出现了接连提升,一举位列全国连锁超市的榜首。

因此,在实施股权激励时,企业绝不能忽视对上游企业的激励。

◎股权激励疑难问答

问:如果企业属于行业上游企业时,其上游企业为何?

答:如果企业属于在行业产业链中位于前端的上游企业,在激励时,其"上游企业"即是在企业生产活动中,为企业提供必要的原材料或生产零部件的企业。比如:汽车零部件企业,其上游企业即为企业提供生产零部件产品的原料,或加工零部件产品所需要的机床中容易出现损耗的工具等的企业。

1.4.2　激励下游企业,盘活产品销量

下游企业,主要是对原材料进行深加工和改性处理,并将原材料转化为生产和生活中的实际产品的企业。在整个产业链中,下游企业决定着上游企业的产品消耗。因此,企业在实施股权激励计划时,应适当对企业的

下游企业进行激励,这样才能有效盘活企业的产品销量,从而提升整个企业的业绩(见图1-9)。

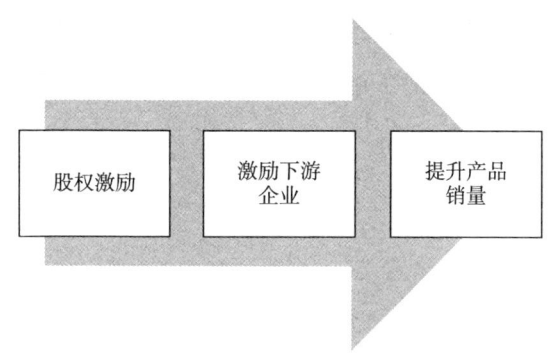

图1-9 激励下游企业

对于企业而言,其下游企业的需求往往起着重要的作用,所以企业在激励时必须引起关注。

某体育器材公司,是一家专门生产体育器材的公司,虽然公司在整个行业中看似处于产业链的终端,但体育器材的销售公司无疑是其"下游企业"。因此,公司在实施内部激励计划的同时,特意制定了对下游销售公司的激励计划,即以销售公司的销量为准,实施返点优惠。销售公司若在年度销量超过10万、20万、50万成品后,公司将给予1%、2%、2.5%的返点,并且在产品价格上也给予一定比例的优惠。这样一来,自然提升了下游销售公司的市场竞争力。下游销售公司业绩的大幅提升,也注定这家企业的整体业绩能够得到有效提升。

因此,虽然下游企业的兴衰不关乎企业本身,但实际上,处于产业链各个环节的企业,都会因某个环节的不畅,危及各个环节上的企业的生存,尤其是处于产业链终端的下游企业,更是直接或间接地影响到了上游企业的命运。

> ◎股权激励疑难问答
>
> 问：如果是最终端的某产品的销售公司，其下游企业为何？
>
> 答：产品销售公司的下游企业，是其更低一层的区域代理商或是消费者。

第2章

激励方式：
方式不同，激励的权和利也不同

股权激励不只是企业拿出钱给员工，还有"权"的激励。只有更好地从股权激励中的"权"与"利"出发，掌握各类激励方式的核心，才能达成最终的激励目的。

2.1 只分利的激励方式

有些激励方式，是企业只通过对员工进行利益上的奖励来作为激励，却不进行表决权等相关权利方面的激励。这种方式虽然看起来激励对象只分享利益并无实权，但实际上收益也并不小。

2.1.1 虚拟股票

虚拟股票不是真正意义上的股票，是公司授予激励对象一种虚拟的股票，不在公司股票或股份的总量之内，因此又被称为红利股。当公司实现了业绩目标，激励对象凭此可享受一定数量的分红权和股价升值收益。也就是说，这种股票是虚拟的，持有者只有分红权，没有所有权和表决权，且不能转让和出售，在持有者离开公司时虚拟股票会自动失效（见图2-1）。

虚拟股票持有人，只有在实现了公司既定目标的条件下，才能获得收益。收益形式可以是现金或等值的股票，也可以是等值的现金＋股票。虚拟股票是通过其持有者分享企业剩余索取权，将激励对象的长期收益与企业效益挂钩。因这种方式实质上不会涉及公司股票的所有权授予，只是奖金的一种延期支付，所以长期激励效果并不明显。

正是由于虚拟股票的这种形式，决定了其具有以下特点（见图2-2）。由特点可得知，虚拟股票更为适合现金流量比较充裕的上市公司和非上市公司。

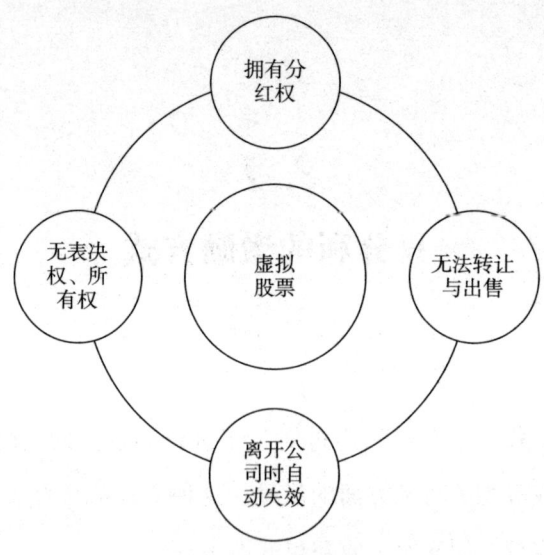

图 2-1　虚拟股票

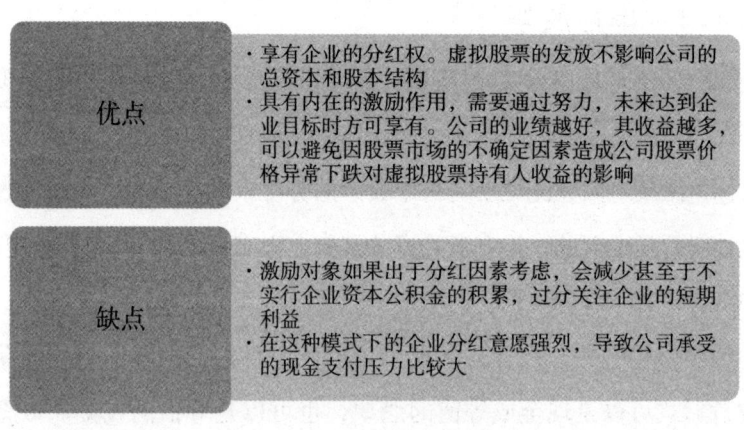

图 2-2　虚拟股票的优缺点

广东省中国旅行社股份有限公司在2011年，由于经营状况不佳，导致公司业务分散、竞争力缺乏。为了凝聚公司的核心力，提升员工工作的积极性，增强公司在行业中的竞争力，公司最后决定实施虚拟股票的激励。即不授予激励对象公司股票，而是只授予激励对象公司股票的期权，即股票因增值而产生的分红权。公司和激励对象经过数年的努力后,不仅实现了公司业绩的扭亏为盈,还成为了国内领先的旅游企业。

◎股权激励疑难问答

问:当拥有了虚拟股票后,激励对象能够在公司的某些决议中表决吗?

答:不能。虚拟股票不是真正意义上的公司股票,只是公司以激励员工为目的设定的"虚拟股票",不在公司现实股票数量内。所以,激励对象只拥有相关虚拟股票数量的分红权,没有拥有权,并且员工一旦从公司离职,虚拟股票将会自动失效。如果当时未到达行权期,则不再享有相关的分红权。

2.1.2 股票增值权

股票增值权,是公司授予激励对象的一种权利,属于股票期权的另一种表现形式。获得股票增值权时,不需要激励对象直接购买公司股票,只需要公司按照激励对象的标准,将一定比例的公司股票的增值权授予激励对象即可。但股票增值权不是让激励对象拥有公司股票,也不拥有公司的表决权、配股权、分红权,只享有增值权。

增值权,是指期末公司股票增值的部分。在计算方式上,期末公司股票增值部分=期末股票市价-约定价格。由此也可以看出,以股票增值权为激励模式的公司,必须是上市公司,而非上市公司的使用情况,多数为即将上市的公司在上市前实施的股权激励。在实施股票增值权时,公司应设定好相应的激励到期时的股票价格(见图2-3)。

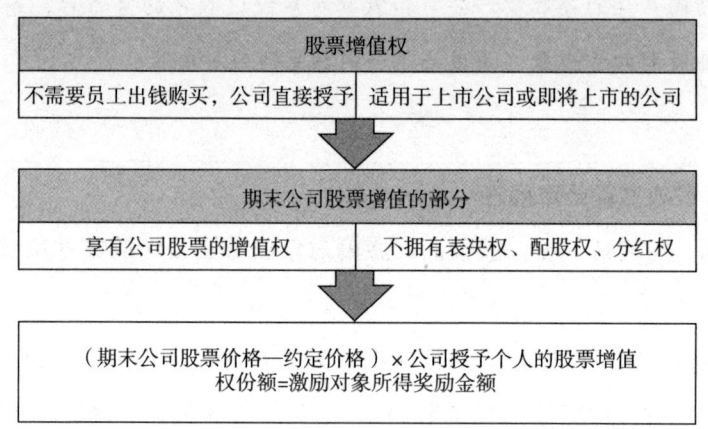

图 2-3 股票增值权

中国石油化工集团公司2000年10月在香港上市发行H股时,对公司高管人员实施了股票增值权的激励计划,激励对象当时一共有480人,股票增值权的数量为2.517亿H股,行权价定为当时在H股IPO的上市价1.61港元。整个激励计划期限为5年,3年后可行权。第3年和第4年的行权比例均为30%,第5年的行权比例为40%。

到了2003年10月第3、4期激励计划年满时,中国石化港股达到了3港元左右,而到了第5年的2005年时,中国石化港股达到了近4港元的价格。其间,中国石化均按照当时的港股价格减去当初定的行权价1.61港元,然后按照规定的行权比例授予了相关激励对象。

在实施股票增值权的激励前,有必要了解一下股票增值权与股票的共同点和区别。

股票增值权与股票的共同点:

(1)获利原理相同。都是授予激励对象二级市场上公司的股价,激励对象通过一定时间的持股,至行权期满时获得股价之间的差价。

(2) 两者都具有很好的长期性和激励性,只是约束性相对偏弱一些。

股票增值权与股票的区别:

(1) 标的物的权利不同。股票期权通常是公司的股票,激励对象在期满后可以拥有股票的所有权,成为公司的股东。而股票增值权却只能获得股票在解锁期满后,获得股价因市场的增值带来的收益。

(2) 激励对象的收益来源不同。虽然股票增值权与股票期权的收益均为股价的上涨,但股票期权更多的是通过市场股价的上涨,卖出股票受益。而股票增值权,则是企业根据股价在市场上的表现,将激励对象应获得的收益,以现金的方式支付给激励对象。

> ◎ **股权激励疑难问答**
>
> **问:** 在以股票增值权进行激励时,行权价若高于行权期满时的股价怎么办?
>
> **答:** 这就涉及行权价的制定问题了。所以,公司在以股票增值权进行激励时,一定要综合市场因素,设定一个合理的行权价格,以确保激励对象通过努力后,当期满可以行权时,能够真正享受到因公司股价上涨所获得的收益。若是行权价过高,则不利于达到激励的目的。

2.1.3 延期支付

延期支付也叫延期支付计划,是指公司将管理层的部分薪酬(年股权激励或年度奖金等收入),按照当日公司股票的市场价格折算成相应的股票数量,存入公司为管理层人员单独设立的延期支付账户(见图2-4)。

在支付方式上,延期支付是在既定的期限后,或是在该被激励对象退休以后,按激励比例的大小,以公司股票的形式,或是期满时公司股票市场对应的市场价格,以现金的方式支付给激励对象。

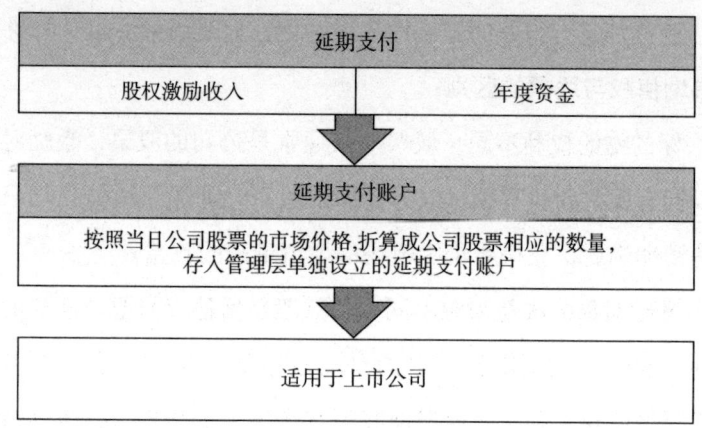

图 2-4 延期支付

由此可见，采取延期支付的公司，必须为上市公司，且激励对象多为公司的高管人员。

宝信软件是一家上市公司，在 2010 年时，公司按照当年公司的业绩表现，核算出一定的股权累积金，对公司骨干人员实施了一份延期支付的股权激励计划——"双十方案"。所谓"双十方案"，是指公司业绩的目标下限为剔除非经常性因素的影响后，公司净资产收益率达到了 10%，股权累积金比例的上限为当年利润的 10%。

此次公司授予的对象为核心骨干人员，延期时限为 3 年。就是说，3 年后被激励的对象方可行权。公司实施延期支付时，公司股价在市场上为 15 元左右，而到了 3 年后的 2013 年底时，股价已经上涨到了 26 元左右，此次实施的延期支付的股权激励获得了很大成功。

由上述案例也可以看出，延期支付有着明显的优缺点。

优点：

（1）将经营者一部分薪酬转化为股票，长期锁定，增加了经营管理者的退出成本，促使经营管理者关注公司的长期发展，有利于形成激励机制，留住人才。

（2）经营管理者的部分资金以股票的形式授予，具有减税的作用。

（3）激励方式可操作性强，无须向证监会审批。

缺点：

（1）激励对象持有的公司股票数量较少，吸引力相对弱，难以形成较强的激励。

（2）因二级市场的不确定性，激励对象无法即刻将股票兑现为现金，持股存在一定市场风险。

> ◎股权激励疑难问答
>
> 问：延期支付过程中，激励对象是否只有退休后方可领到激励的资金或股票？
>
> 答：具体的时间，应根据公司实施延期支付计划制定时所设的期限，如3年或5年。当然，也有不少元老级的公司核心骨干，会在退休时再行使权利。

2.1.4 业绩股票

业绩股票，是一种典型的股权激励模式，指在年初的时候，公司确定一个比较合理的业绩目标。年末时，如果激励对象达到了这一预定目标，公司就会授予其一定数量的公司股票，或是提取出一定的奖励基金购买公司股票再授予激励对象。

因此，业绩股票这种激励方式，通常是上市公司为实现短期目标时所采取的激励方式，并且有着一定的时间和数量限制。如果期满时，被激励对象的业绩无法达到当初预定的目标，或是出现了有损公司行为、非正常离任等情况，则当初获得的未兑现的业绩股票会被取消（见图2-5）。

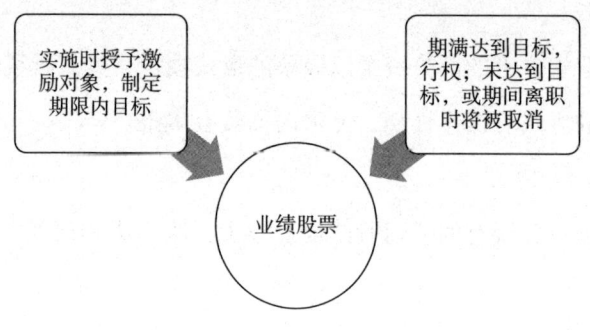

图2-5 业绩股票

业绩股票的特点：

（1）公司高管的年度激励奖金是建立在公司当年的经营业绩基础之上，直接与公司当年的利润挂钩，与公司的净资产收益率相联系。公司每年可根据高管的表现，提取出一定数量的奖励基金予以奖励。

（2）高管人员的激励奖金，从一开始就全部或部分转化为公司股票，在股票购买的行为上具有一定的强制性。

（3）由于公司奖励基金的使用，是通过在二级市场上购买本公司股票的方式完成的，所以绕开了《公司法》中有关股票期权的法律障碍。

（4）高管持有的公司股票，在行权的时间上有一定的限制。

业绩股票的激励成本相对较高，可能会给公司造成一定的现金压力。因此，这种激励方式更为适合那些业绩稳定、现金较充裕的上市公司。

泰达股份是深市一家上市公司，在很早的时候，公司即制定了一份股权激励机制——发放业绩股票，公司每年年度财务报告公布后，根据年度业绩考核结果对相关人员进行奖惩。当考核合格时，公司会拿出年度净利润的2%，来作为对公司董事会成员、高管、核心技术骨干的激励基金，用来购买公司的普通股授予激励对象，而业绩不合格时，则给予相应的处罚，并要求被处罚人员在6个月内偿清处罚金。

泰达股份之所以会采取这种业绩股票的激励方式，是因为公司的业绩一直较为稳定，现金流也较为充实。以业绩股票的方式进行激励，能稳步推进公司的业绩增长。

◎股权激励疑难问答

问：业绩股票在什么时候授予激励对象？

答：在公司实施业绩股票的激励方案时，就应先行授予激励对象相对应的公司股票数量，但在未达到规定期时，或是到了期限后经公司考核未达到如期目标时，则受激励对象是无法行权的，业绩股票会被公司收回。

2.1.5 账面价值增值权

账面价值增值权，是指公司直接以每股净资产的增加值来激励公司高管、董事和技术骨干的一种股权激励方式，比较适合非上市公司。这是因为，在公司的财务指标中，每股净资产通常是指股东权益与股本总额的比率，计算公式为：每股净资产＝股东权益÷总股本。所以，它反映的纯粹是公司的业绩水准，就是每股净资产越高，股东享受到的权益越大，公司盈利水平越强（见图2-6）。

账面增值权的特点：

（1）账面价值增值权不是真正意义上的股票，拥有者没有所有权、配股权、表决权。但是这种激励方式，可以有效避免股票市场因素对股票价格的干扰，即使是上市公司实施这种激励，被激励者最终得到的奖励也是和股价无关的。

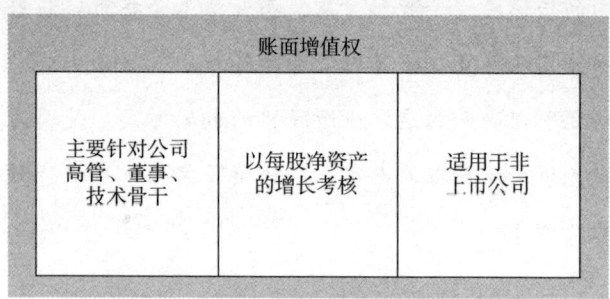

图 2-6　账面增值权

（2）账面价值增值权主要针对的激励对象是公司的核心人员，是以公司能够实现稳步增长为目的的一种激励。因为受激励者会专注于每股净资产的增长，势必尽心管理公司，从而实现公司业绩稳步增长。

（3）与股票相比，账面价值增值权不能流通、转让或是继承，员工离开公司后将会失去其权益，因此更有利于稳定员工队伍。相对来说，一家公司的每股净资产的增加幅度通常是有限的，无法充分利用资本市场的放大作用来提升激励价值，更适合那些现金流量比较充裕、股价相对稳定的非上市公司或上市公司。

在账面价值增值权实施时，有两种类型：购买型和虚拟型（见图 2-7）。

中国联通作为一家大型国有企业，在上市之初即制定了一份股权激励计划，虽然因市场原因导致了计划失败，但在上市两年后公司再次推出了股权激励。此次，公司是以中国联通的"壳公司"实施激励的，由于"壳公司"的利润全部来源于间接控股的联通红筹公司的分红，所以这次股权激励以账面价值增值权方式。激励对象除了"壳公司"的 9 名高管外，其余 448 名被激励的对象，均为公司骨干人员，考核的指标即为公司每股净资产值的增长值。而后，通过激励对象的努力，中国联通的每股净资产值得到了稳步提升。

账面价值增值权类型	
购买型	虚拟型
实施时，被激励对象按每股净资产值实际购买一定数量的公司股份，到期再按每股净资产期末值回售给公司	激励对象在实施时无需支出资金，公司授予一定数量的名义股份，结束时根据公司每股净资产的增量和名义股份的数量来计算收益，据此向激励对象支付现金

图 2-7 账面价值增值权的类型

◎股权激励疑难问答

问：账面价值增值权是指公司股票的增值吗？

答：不是。账面价值增值权，是以财务指标中每股净资产值为标准的计算激励资产的方式。只有在股权激励期间，公司的每股净资产值实现了增加，激励对象才能行权获得奖励。行权时，如果公司为上市公司，可根据自己意愿，以现金的方式或折算为相应的公司股票领取。但非上市公司在行权时，需要以现金支付，或经过激励对象与公司协商，双方在同意的情况下，将收益转换为公司相应股份。

2.1.6 优先股

优先股，是相对于普通股而言的。这种优先主要针对普通股，在利润分红及行使剩余财产分配的权利时，优先股会优于普通股，即先对优先股进行分配，然后才是普通股。

然而，优先股虽然分配利润在先，但其收益率往往是事先即确定了上限的，因此不根据公司经营情况而增减。但如果普通股的利润分配降到零以后，优先股在股利方面就无法达到股息收益率。所以优先股是股份公司的一种类似举债集资的形式，而且通常的收益率上限是高于银行的。

另外，优先股股东是不能退股的，但可以依据优先股股票上所附的赎回条款，由公司赎回。并且，优先股因收益率是固定的，所以不享有分红权、所有权、表决权，只有当召开会议讨论与优先股股东利益有关的事项时，优先股东才具有表决权。若公司解散，分配剩余财产时，优先股的索偿权要先于普通股，但次于债权人。

因此，优先股有着以下明显特点（见图2-8）。

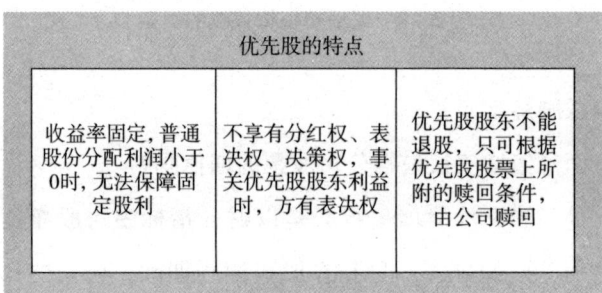

图2-8 优先股权的特点

我国最早发行优先股是在2014年，发行第一只优先股的公司为浦发银行。在2014年12月，公司完成了首期优先股的发行，此次发行的优先股数量为1.5亿股，募集资金150亿元，即1只优先股面值100元人民币。

虽然当年浦发银行只是作为试点发行了一次优先股，但公司却因此尝到了甜头，在事隔不到一年后的2015年3月16日，公司再度发行了第二期优先股。此次，浦发银行同样发行了1.5亿股优先股，募集资金同样为150亿元。

在《认购邀请书》中，浦发银行还确定了优先股息率、发行对象及获配股份数量，确定第二期发行股息率为5.50%，基准利率每5年调整一次。相对于浦发银行首期优先股6.0%的利率，第二期股息率低了不少，并且，浦发银行将优先股每年的付息日，定为本次优先股发行的缴款截止日起每满一年的当日，如该日为法定节假日或休息日，将顺延至下一个工作日,顺延期间应付股息不另计利息。

2016年3月3日,浦发银行发布了公告,第二期优先股的发放日为2016年3月11日,按照浦发优先股二期票面股息率5.50%计算,每股发放现金股息人民币5.50元(含税),合计股息人民币8.25亿元(含税)。可见,优先股的股息是远远高于银行的存款收益的。

企业在以优先股进行激励时,必须明确优先股的两种优先权利:

(1)分配利润方面,在分配时优先股优于普通股。普通股的红利不固定,会视企业的盈利情况而定,利多多分,利少少分,无利不分。

(2)公司如果解散,在分配剩余资产时,优先股应在普通股之前分配。

> ◎股权激励疑难问答
>
> 问:优先股在赎回时,是按照原价收回吗?
>
> 答:按照优先股股票上所附的赎回条款来看,赎回时应当以当初发行的优先股价格,由发行的公司以原价进行赎回。但是,由于优先股股利不能抵减所得税,成本高于债务成本,所以有的公司如果资金充裕了,通常也会主动以溢价的方式进行赎回,或是按照规定,将优先股转换为普通股。

2.1.7 干股

干股,又叫"虚拟股",就是指未出资而获得了公司相应的股份。事实上,干股并不是真正的股份,因为如果一个人拥有了一个公司的股份,是要按照比例享有公司分红与责任等权利的。而在实际中,纯粹意义上的干股是不存在的。只有公司出于某一目标,才会对企业管理者、核心技骨干等人员给予一定比例的干股激励（见图2-9）。

图2-9 干股

公司这样做的目的，就是为了使管理者能够更好地管理企业，技术核心骨干能够更好地为公司发展努力。值得注意的是，企业送给管理者或核心技术员工干股时，形式并不统一。

干股的表现形式：

（1）只送分红权的干股。在这种模式下，只是一种纯粹的利润权利，类似于虚拟股票，只不过激励的股份是占有公司股份的实际总数量的，而称法上也多被称作管理股、技术股或员工股等，但没有表决权和干股的所有权。

（2）既送利又送权，员工既有分红的权利，同时具有行使股份的权利和义务，拥有此类干股的对象，实际上就成为了公司真正意义上的小股东。

永联商行是一家以批发销售食品为主的合伙企业，在经营过程中，公司的两位股东结识了一位曾经在某食品公司销售科工作的人员小王，因彼此谈得来，小王利用自身的销售渠道帮助永联商行销售出了大量食品。为此，永联商行的两位股东决定，无偿送给小王永联商行20%的股份予以激励，但规定小王只拥有分红权，没有表决权。这些永联商行送给小王的股份，就是干股。

在表现形式上，无论哪一种形式的干股，都有一个明显的特点，就是股东无偿送给内部员工或外部关联人员公司股份，是无须激励对象出资的。

◎**股权激励疑难问答**

问：干股是否要承担企业的相应责任？

答：这要根据企业赠予激励对象干股时的协议而定，如果双方在协议中约定需要承担的，则必须承担相应的责任；如果约定不承担责任的，则干股持有者只享有分红权，无须承担相应责任；如果是协议中未约定的，按法律上规定，干股持有者是不需要承担企业责任的。

2.2 先分利再分权的激励方式

在激励方式上,有些方式,是激励对象先期获得股权的分红权,其后会获得股权的表决权和决策权,只不过在拥有股权的不同权益时有一个先后顺序。

2.2.1 股票期权

股票期权是一种长期的激励方式,是指被激励对象在交付了期权费后,即可取得在合约规定的到期日或到期日以前,按照协议的价格,买入或卖出一定数量公司股票的权利。

股票期权是上市公司经常使用的一种激励方法,是公司给予技术骨干或高级管理人员,在一定期限之内,以一种事先约定的价格购买公司普通股的特殊权利。在股票期权激励模式中,不仅被激励对象所购买的公司股票价格较低,而且这些股票均为公司尚未发行在外的流通股,所以需要被激励对象从公司购买,而不是在二级市场上购买(见图2-10)。

天地科技股份有限公司是一家上市公司,在2011年的时候,公司曾实施了一个股票期权的激励计划。授予条件是公司上一年度归属于上市公司股东扣除非经常性损益的净利润增长率不低于20%,并且不低于对标公司净利润近两年增长率的平均值,行权价格为23.27元。此次激励计划,公

第2章 激励方式：方式不同，激励的权和利也不同

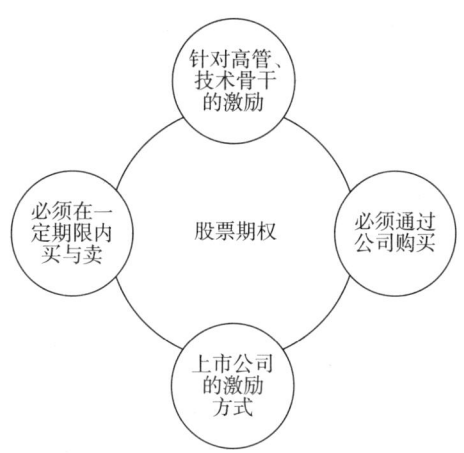

图 2-10 股票期权

司确定了 141 名激励对象，股票期权的激励份额为 551.76 万股，占公司当时总股份数的 0.545%。

在现实中，期股是模仿西方国家而来的一种激励方式，目前并没有严格的法律约束。这也就决定了，企业所有者不能只看到年薪制度＋期股的优点，也应关注其风险，并且对风险予以事先控制，比如在实施期股激励前，一定要事先约定好退出机制。

企业在实施股票期权的激励时，应当明白，这种激励方式主要是上市公司针对公司核心技术人员与高管的一种长期激励。同时也应当了解股票期权的优点和缺点，这样才能做到充分利用其优点、避其缺点的扬长避短策略。

股票期权的优点：

（1）企业无须支付现金，现金压力小。

（2）可以锁定股票期权对象的风险，企业无偿送给激励对象股票或以较低的价格卖给激励对象，优势就会十分明显。同时，若行权时股价下

跌，可放弃行权，所以损失极小，或根本没有损失。

（3）能够将经营者或管理者的利益与公司长期利益捆绑到一起，稳定住人才，实现经营管理者与公司的双赢，并吸引外部人才。

（4）因股票期权是受市场因素影响的，所以波动较大。而未来收益的数额虽然不确定，但激励幅度相对大，且股票是在市场监督下波动，较为公平。

股票期权的缺点：

（1）来自股票市场的风险。因股票市场的不稳定，即使激励时股价相对较低，但接受激励后，仍然可能会出现因市场原因的股票价格再次持续下跌，影响到激励对象的收益。

（2）可能发生激励对象的短期行为。因激励对象的收益来自于行权，若行权时股价远远高于激励时的价格，则容易令激励对象放弃关注公司的经营发展，片面追求股价短期的获利。

因此，公司要有效设定好股票期权的解锁期，有效地把企业的高级人才和技术骨干同自身利益很好地结合起来，实现企业和高级员工健康良性的发展。

◎ **股权激励疑难问答**

问：实施股票期权激励时如何确定股票价格？

答：股票期权实施时，以上市公司非公开进行定向增发股票的形式出现。除非有股东以低价有偿让出手中部分股票，但这种情况相对极少。所以在定向增发时，发行底价为定价基准日前20个交易日里公司股票均价的90%，基准日为：

（1）董事会决议公告日；

（2）股东大会决议公告日；

（3）发行期的首日。

> 通常,股票期权实施时的股票价格都很低,会成为股价的历史新低。这一点也确保了上市公司实施股票期权的激励目的。但是,因上市公司股票在市场上有波动,并不能排除人为因素的干扰,造成高价定向增发的现象发生。

2.2.2 期股

期股,是公司制企业向经营者提供激励的一种法律意义上的许诺式报酬制度,实行的前提条件是公司的经营者必须购买公司的相应股份。

具体操作的过程是,由企业贷款给经营者,作为其购买公司股份的支出,而受期股激励的经营者对期股拥有表决权、所有权和分红权。其中,所有权是虚拟的,只有将购买期股时的贷款全部还清后,才能真正拥有。但期股中的表决权和分红权是实际的,除非企业与经营者之间另有协议约定。只是,其中的分红利润,被激励者不能立刻拿走,而是可以需要用来偿还购买期股时的成本,一直到偿清为止。

所以,以期股作为激励方式,目的就是让经营者把企业经营好,这样在未来,经营者不仅可以享受企业的红利,同时还能变为企业的合法股东。因此,期股也是一种长期激励的有效方法(见图2-11)。

期股特点:

(1)股票收益为中期兑现。拥有者可在任期满后兑现,也可以在任期满的若干年后再一次性兑现,也可以每年按一定的比例均速或加速兑现。

(2)来源多样性。激励对象既可以出资购买,也可以贷款购买,或是以年终激励的延期支付部分转换而购买。

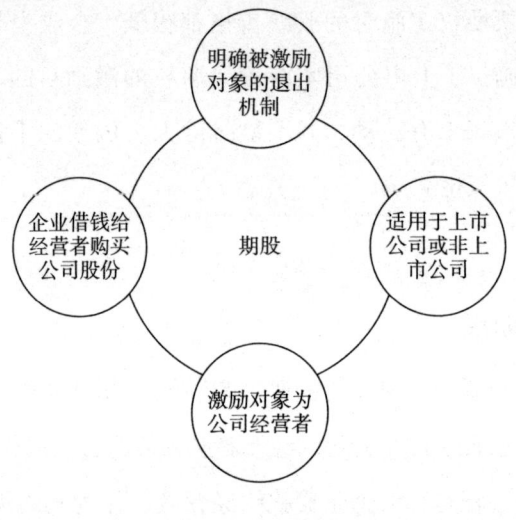

图 2-11 期股

期股优点：

（1）期股的兑现模式往往是中长期兑现，这样避免了管理经营者与员工之间因工资差异可能造成的矛盾，有利于稳定。

（2）年薪制+期股的激励模式有利于企业实施长期激励，对企业的发展起到了积极的作用。

（3）对企业而言，期股的获得形式多样化，所以无须激励者拿出很多资金来一次性获得一定数量的期股，而是可以通过缓慢地支付较少的资金即可获得数量较多的期股。这既是未来的奖励，也是一种长期的价值投资。

期股缺点：

期股为国外企业经常使用的一种激励方式，国内最早是万科于1993年引进这种管理模式，之后其他各地企业纷纷效仿的方式。从法律的角度，对期股没有明确的规定。因此，企业在实施期股激励时，应首先明白期股背后的权利，并与被激励对象签订相关协议，明确期权实现条件，以及相关的退出办法，以免日后引发不必要的法律纠纷。

第 2 章　激励方式：方式不同，激励的权和利也不同

湖南电广传媒股份有限公司是一家上市公司，股票简称"电广传媒"，代码000917。在众多的上市公司中，电广传媒是国内第一家以期股的形式实施股权激励的公司。时间要追溯到2000年，电广传媒决定，主要针对公司的经营者，实施"基薪收入＋年功收入＋奖励股票"的薪金制度。

在这一制度中，基薪收入即是工资收入，按月发放。年功收入和奖励股票来源于公司税后的净利润，其中30%为年功收入，按年度利润的情况以现金的方式支付。奖励股票则以其中的70%，由公司负责从二级市场上购买成公司股票放入被激励对象账户内。

激励对象最初为公司经营者，后来扩大到了公司董事、监事、总经理、副总经理等中层骨干。另外，激励的股票数量并不是每一年都会递增，而是根据公司业绩进行考核，达不到预期小目标时，还会从相关人员账户内扣除相应的股票数量。因此，这种期股激励灵活性较大。

对于这些股票奖励，公司也做出了规定：每年在公司公布年报后的两个月内分两次购买，而授予者对这部分股票的行权，必须在离职或是卸任半年后方可在二级市场上进行交易。在此，给予激励对象的公司股票，就是一种变相的期股，只不过无须激励对象出资，纯粹由公司通过业绩考核的方式给予，但在在职期间却不能卖出，所以应是一种期股激励。

◎股权激励疑难问答

问：期股激励中的时效性是否能够缩短？

答： 理论上是允许的，但如果是时间过短，尤其是以科技为主的小型民营公司，往往不能保证公司的可持续发展。一旦期股到期后，极易引发经营者或核心人员的兑现心理，容易让公司陷入不稳定的状态，甚至引发因核心人员的流失所造成的公司解体的危害。所以，期股在实施时，时间一般都较长。

2.2.3 限制性股票

限制性股票，是一种较为机动灵活的激励方式，是指上市公司按照预先确定的条件，授予激励对象一定数量的公司股票。这种"限制性"是指激励对象的工作年限或是公司业绩目标达到了公司预设的条件后，被激励对象才可出售公司授予的这些限制性股票，并从中实现获益。由于这种"限制性"的目标十分明确，重点指向性强，加上激励对象获取限制性股票时和出售时具有一定条件，限制性股票激励相对于其他激励方式来说更为灵活，激励效果也较为明显（见图2–12）。

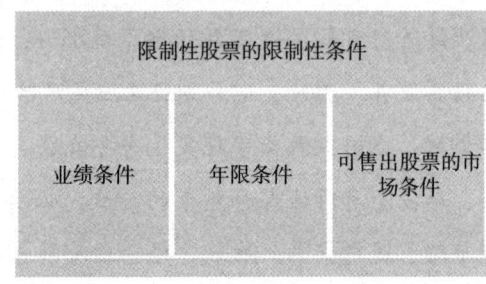

图2–12 限制性股票的限制性条件

限制性股票的特点：

（1）企业实施起来较为灵活。作为企业而言，只要明确了股票的来源，即可根据自身需求，具体实施。

（2）限制性股票的激励对象，通常指向性较明确。这是因为，在企业授予限制性股票时，都会有一个获得条件的限制，只有符合获得条件的员工，才能成为激励对象。

（3）限制性股票适用于上市公司对高级管理人员或技术骨干的激励。

限制性股票的获得条件：

国外的大多数公司在授予限制性股票时，通常是将一定数量的股份无偿或收取一定象征性的费用后来实施，但在我国《上市公司股权激励管理办法》中，明确规定了限制性股票要规定激励对象获授股票的业绩条件，这就使得上市公司在设计限制性股票激励方案，对获得条件进行设计或制定时，只能局限于公司的相关财务指标和数据。

限制性股票的禁售条件：

国外的上市公司在实施限制性股票时，通常会根据不同的情况和背景，制定年限条件、业绩条件，或股票价格条件，极少有特殊的条件。但我国明确规定了限制性股票实施时应当设置具体的禁售期限。但在设置禁售年限时，上市公司可根据自身的需求，设定其他的出售条件，如业绩标准等。

实施限制性股票时应关注的环节：

（1）授予日。即根据激励计划，当员工达到激励计划中规定的条件时，正式授予其股票的日期。

（2）禁售期。是指激励对象在获得限制性股票后，不得通过二级市场或其他方式，对这些限制性股票进行转让的期限。根据《上市公司股权激励管理办法》的规定，限制性股票自授予日起，禁售期不得低于1年。

（3）解锁期。即禁售期结束后的期间。在解锁期内，公司业绩达到了激励计划中规定的条件后，持有限制性股票的员工方可按照要求分期解锁，在二级市场上自由卖出对应的股票数量。

（4）纳税。按照规定，实际解锁日为限制性股票所得的纳税义务发生时间。具体的计算方式为：在授予日，按照员工获得的限制性股票市价的总额与支出的象征性价格之间的差额，缴纳个人所得税。这一点是有别于其他国家的。

2014年12月9日，内蒙古亨利新技术工程股份有限公司成功登陆新三板。在新三板挂牌后的2015年，为了能够更好地调动公司员工积极性，实现公司快速发展，转为主板上市，公司于2015年12月7日，公布了一条《限制性股票激励方案》。

在这一激励方案中，公司决定以定向发行的方式授予激励对象150万股的公司限制性股票。其中，首次授予100万股，预留出50万股。对于预留部分，公司将于首次授予日后的24个月内授予。

这些股票的限制性条件很明确，为提升业绩，公司采取了分三步解锁的方式：

（1）2016年归属于母公司的扣除非经常性损益后的净利润收入不能少于500万元人民币，限制性股票的解除限制的比例为30%。

（2）2017年归属于母公司的扣除非经常性损益后的净利润收入不能少于800万元人民币，限制性股票的解除限制的比例为30%。

（3）2018年归属于母公司的扣除非经常性损益后的净利润收入不能少于1200万元人民币，限制性股票的解除锁定的比例为30%。

这就意味着，内蒙古亨利新技术工程股份有限公司的限制性股票的限制解除期限分别为12个月、24个月、36个月，获得条件是公司净利润必须分别达到500万元、800万元、1200万元。

◎股权激励疑难问答

问：限制性股票期满后，如果未达到激励时的约定目标怎么办？

答：这就要从限制性股票的限制条件谈起，如果限制条件是一定时间内的业绩提升，那么最终到达期限后，公司可以通过业绩来考核，一旦业绩未如期达到目标时，公司自然会以当初的价格回购限制性股票，进行注销或另行安排。

2.3 分权分利的激励方式

分权又分利的激励方式,是指在股权激励时,企业在授予激励对象相关的股权红利的同时,也将股权的表决权与所有权授予激励对象,即激励对象因激励成为公司的小股东。

2.3.1 员工持股计划

员工持股计划,是指公司通过让员工持有本公司的股票和期权的方式,使员工获得一种长期绩效奖励计划的激励方式。在实行这种激励计划时,往往需要由公司内部员工出资认购本公司的部分股权,或股东自愿捐出部分股票无偿授予员工,并委托员工持股会具体管理运作。这就意味着,员工持股会应代表持股员工进入董事会参与公司的各种表决或分红(见图2-13)。

从类型上,员工持股计划可分为两种类型:杠杆型和非杠杆型。

杠杆型的员工持股计划,就是利用信贷杠杆来实现员工持股计划。这种方法会涉及职工持股计划基金会、公司、公司股东和贷款银行四个方面。

具体步骤如下:

(1) 成立职工持股计划信托基金。

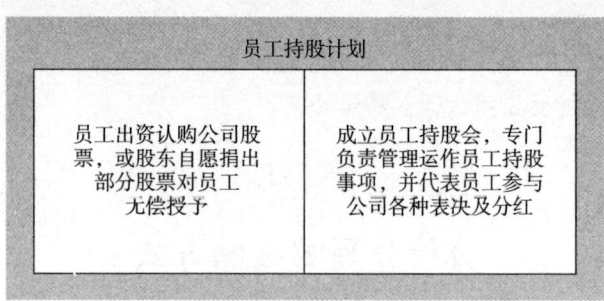

图 2-13 员工持股计划

（2）公司担保，职工持股计划信托基金出面，以实行职工持股计划为名，向银行贷款，用以购买股东手中的部分股票，购买的股票由这一信托基金管理，以此分得的公司利润，以及由公司其他福利计划中转来的资金，用以归还银行贷款的利息和本金。

（3）职工持股计划信托基金按照事先确定的比例，将所购股票逐步转入职工账户，贷款全部还清后，所有的股票应全部落实到各个职工的账户内。

杠杆型的员工持股计划特点如下：

（1）员工持股信托基金用贷到的款项，从公司或现有的股票持有者手中购买公司的股票。

（2）由银行贷款给公司，再由公司借款给员工持股信托基金，或是由公司担保，银行直接贷款给员工持股信托基金会。

（3）员工持股信托基金得到公司利润或其他资金后，会逐步还清银行或公司的贷款。

（4）公司每年会向员工持股信托基金提供一定的免税的贡献份额。

（5）员工退休或离开公司时，公司会按照一定的条件，给予激励对象一定数量的公司股票或现金。

非杠杆型的员工持股计划，是指公司每年向员工持股计划贡献出一定数额的公司股票，或是用于购买公司股票的现金。这个数额通常为参与员工持股计划人员工资总额的 25%。

非杠杆型的员工持股计划特点如下：

（1）公司会每年向员工持股计划提供一定数量的公司股票，或用于购买公司股票的现金，被激励员工不需要任何支出。

（2）由员工持股信托基金会持有员工的股票，定期向激励员工通报其持有股票的数额和价值。

（3）当被激励员工退休或因故离开公司时，应根据一定的年限要求，取得公司相应的股票或现金。

由于员工持股计划给予员工的既有股票权益，又有利润，因此是一种长期股权激励，它既适用于上市公司，也适用于非上市公司。不同的是，在非上市公司实施时，必须由股东拿出相应的股份作为员工持股计划的奖励。

三六五网是深市创业板的一家上市公司。2014 年 11 月 3 日，公司实施了一次员工持股计划。这一股权激励计划是公司针对核心员工的激励，由公司的四位实际控制人无偿赠予 360 万股公司股票。公司没有成立员工持股会，而是委托浙江浙商证券资产管理有限公司具体管理员工持股计划。

然而，成也萧何，败也萧何。不是所有的员工持股计划最终都会成为一种激励。

罗普斯金铝业股份有限公司，同样是一家上市公司，在 2015 年 8 月，公司实施了第一期员工持股计划，为期 2 年，即 2015 年 8 月 3 日至 2017

年 8 月 2 日。员工持股计划所持有的公司股份锁定期为购买股票后发布日起的 12 个月，即 2016 年 5 月 4 日至 2017 年 5 月 3 日。

员工持股计划实施后，在 2016 年 5 月 3 日，公司员工持股计划完成了对罗普斯金股票的购买，通过二级市场购买了罗普斯金股票 9668042 股。到了 2017 年 5 月 3 日，锁定期已满，而罗普斯金的股价因市场波动，出现了低于员工持股计划时的价格，形成亏损，于是公司最终决议并公告，此次员工持股计划将延期一年，即推迟到 2018 年 5 月 3 日止。

因此，上市公司在推出员工持股计划时，一定要考虑到多方因素去设定激励价格，以免因市场波动等因素导致激励对象无法行权。

> ◎ 股权激励疑难问答
>
> 问：实施员工持股计划时，是不是拿出的股票或股份越多激励效果越好？
>
> 答：不一定。人都有贪婪的欲望，不是股票或股份越多，就越容易让员工满足，因为人的欲望是无止境的。所以，实施员工持股计划时，企业一定要控制好股票或股份的比例，绝不能出现因员工持股计划的激励，而危害到控股股东对公司的控制，尤其是上市公司。同时，还要把握好股价在市场上的波动因素，避免出现激励的"金手铐"变为"绞肉机"情况。

2.3.2 管理层收购

管理层收购，是指公司的管理层利用以借贷的方式所融到的资本，或是以股权交易的方式，收购本公司股票的一种行为。比如，公司更换所有权、控制权、剩余索取权等时，就会通过收购公司股票的方式，实现最终控制公司，掌握公司的所有权和决策权，使经营者彻底变成公司的所有者（见图2-14）。

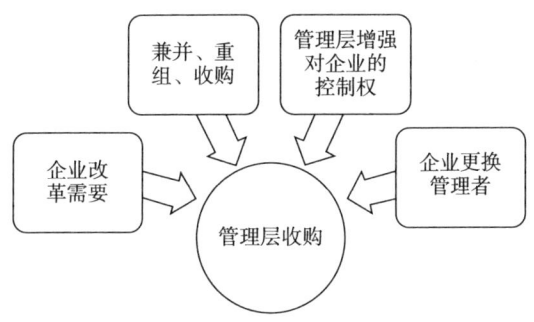

图2-14　管理层收购

管理层收购的特点：

（1）目的性很强。管理层收购往往有着明确的目的性，比如企业间的兼并、重组，目的是收购其他相关企业，取得对该企业的控制权。

（2）资金来源多样化。管理层收购的资金，可以是现金，可以是银行的贷款，或是公司以增加投资等手段得到的融资资金。

乐普（北京）医疗器械股份有限公司是一家专门生产医疗器械的公司，也是深市创业板的一家上市公司。由于公司的大股东为中船重工，而乐普医疗的创始人、管理者蒲忠杰，实际上所占公司股份并不多，这一点直接造成了公司在经营中处处受制。

为了能够顺利、健康地发展公司，公司2013年投资了兴全特定策略18号资产管理计划，以募集资金的方式收购公司股份，乐普医疗的大股东中船重工，也以大宗交易的方式直接减持公司3400万股票，共占公司总股本的4.187%。其中，有2480万股是转让给了兴全特定策略18号资产管理计划，占总股本的3.054%。

2014年6月，公司管理层蒲忠杰又通过申万菱信资产管理计划，融资了7.54亿元，用以进一步收购大股东所持有的公司股份，使得自己的累计持股比例增至29.30%，成为了上市公司的实际控制人，原来的大股东中船重工的持股比例降至28.68%。

　　乐普医疗经过几次管理层收购行为后，管理层真正成为了控股股东，公司发展开始步入良性轨道，其股价在二级市场上也开始出现了转机。

　　在实际中，出现管理层收购的情况时，多数是国有企业为了让管理层更好地发挥企业市场功能所实行的一种改革。或是民营企业在壮大后，管理层解决当初因融资导致的对企业控制权的丧失问题。但无论是哪一种情况，管理层收购对于激励公司内部人员的积极性、降低成本、改善企业经营状况等，都会起到积极的作用。因此，管理层收购同样是一种激励方式。

> ◎ 股权激励疑难问答
>
> 问：分属不同行业的企业的管理层收购也是一种激励吗？
>
> 答：不一定。当两个企业分属不同行业时，这种兼并和收购多数是出于公司的多元化发展需求。但由于行业不同，如果两个企业根本无搭边，通过管理层收购的方式兼并另一个企业后，并不会对原有公司形成帮助，并且由于行业的不同，这种跨界行为如果不是出于战略发展的需要，极有可能会拖累原公司的发展。

第3章

激励要素：
抓住九大核心，落实激励计划

股权激励不仅仅是企业拿出一定的"权"和"利"分给员工，在具体的激励计划实施过程中，还要明确九大核心要素，只有将这些核心要素一一落实，激励计划才算科学完备。

3.1 确定目标：确定企业未来的发展方向

激励目标是企业实施激励的最终追求结果，相对而言更为直观。确定目标时必须遵守一定的原则，同时又要注意在确定目标时，一定要分清长期目标与短期目标的区别，以长、短结合的策略来确定激励目标。

3.1.1 制定目标的原则

企业实施股权激励，一定要有明确的目的性，所以在制定目标时，要遵守一定的原则：

（1）建立一个利益共同体。这是最为关键的一条原则，因为只有将老板和员工"拧成一股绳"，才能将企业利益与员工个人利益捆绑在一起，形成一股巨大的力量，推动企业发展。

（2）留住内部人才，吸引外部人才。马云曾经说过，现在的社会，是人才的竞争。因为只要有人，就有希望拥有一切看似不可想象的发明。所以，股权激励一定要围绕以如何挽留住公司内部的骨干技术员工、管理层和如何吸引外部人才加盟企业的原则出发（见图3-1）。

联讯证券为广东省惠州市的证券公司，创建以来，公司业绩一般，虽然后来在新三板市场挂牌，但公司业绩在2014年一直表现欠佳，加上惠州

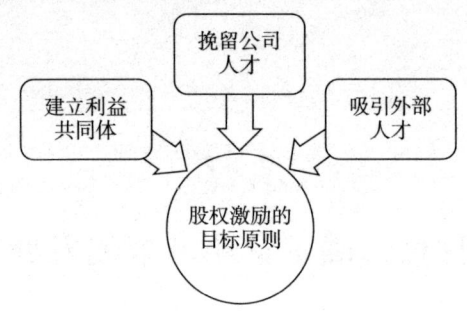

图 3-1　股权激励的目标原则

地处沿海地区，使得不少公司骨干开始萌生跳槽之念。

为了将这些骨干人员牢牢与公司"捆绑"到一起，公司在 2015 年初决定实施一项股权激励计划，这一激励计划就是联讯证券员工持股计划。公司以 2014 年 12 月 31 日全体在册正式员工为激励对象，委托中信信诚资产管理有限公司具体管理，全额认购由中信信诚资产管理有限公司设立的中信信诚联讯启航 1 号专项资产管理计划。其中，公司董事、监事和高管的认购份额占员工持股计划总份额的初始比例不超过 25.37%。

在此次激励计划中，激励对象的股票总数不超过 5716 万股，占公司现有股本总额的比例不超过 4.71%。本次激励的股票锁定期为 12 个月，存续期为 24 个月。股票的购买价格为每股 1.46 元，而公司的每股净资产仅为 1.25 元。员工的认购比例为 1:1.5，出资总额不超过 8345.36 万元。

到了 2015 年底，公司在公告中公布了初步预算的结果，预计 2015 年公司将实现营业收入 1551023413.07 元，同比增长约 177.35%。这一切都是公司实施股权激励的结果。业绩提升了，公司人员稳定了，对外部人才也构成了一种吸引力。

在制定目标原则时，应注意以下问题：

（1）目标必须是可以衡量的。制定目标时，如果目标只是一个方向，无法用一定的标准来衡量，导致员工根本无法达到目标，激励也就失去了最初的目标。

（2）目标必须是具体的，如公司业绩、部门业绩等。目标只有具体化后，才会形成一定的标杆，成为激励对象努力的方向和目标。

（3）目标必须有明确的期限性。期限性就是设定的时间，比如1年或3年。没有时间的约束，目标就没有动力，同时还容易造成激励演化成短期行为。

（4）目标必须是可以达到的。这一要求，就是指目标在设定时一定要可行，否则就很容易演化为公司为员工画的一个看似存在实则根本无法企及的"大饼"。比如一家刚创业的公司，激励目标就设为一年后公司上市，这显然是难以实现的。

> ◎股权激励疑难问答
>
> 问：制定激励目标时，是不是目标越高最好？
>
> 答：不一定。因为目标如果制定的过高，往往不容易实现。虽然目标高，达到后公司业绩提升的幅度会大，但并不利于实现。因此，设定激励目标时，应结合实际，做到目标设定合理，才能真正起到激励的作用。

3.1.2 长期目标和短期目标结合

企业在制定激励计划时，不能过于短视，应当既要有公司长远的激励规划，以确保公司长久持续的发展，同时也要制定出更为详尽的短期目标，确保中长期目录的实现。

长远目标每个公司都会有，但往往因长远目标过高，要想实现并非一朝一夕，所以必须分段再设立几个短期内通过努力即可实现的小目标，这样能够让激励对象看得见，也容易得到这一奖励，以达到激励的目的。不仅如此，当一个个短期小目标逐一实现的时候，其实中长远目标就已经实现，或者离实现为期不远了（见图3-2）。

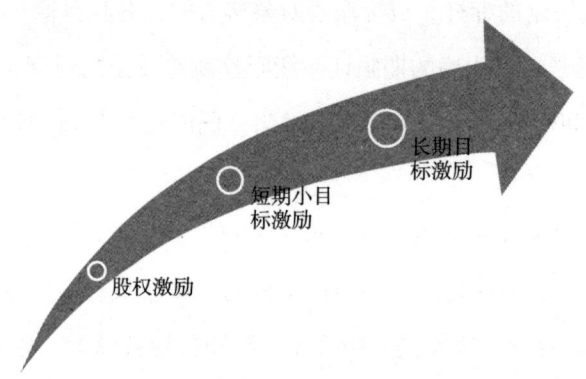

图3-2　长期目标与短期目标

设定目标时应注意的事项：

（1）长远目标即公司长期发展的策略，战略性一定要强，并且要远，但不能脱离现实。

（2）长远目标的制定，一定要在短期目标的基础上设定。长远目标不是口号，应在一个个短期目标的基础上，层层向上发展这样，这样长期目标才具有可行性。

（3）短期目标不能过高，应根据实际情况设定。如果短期目标过高，则可将其再分割成若干个小目标。

（4）短期目标的设定要有持续性，即以不断提高为前提，因此不能将小目标孤立于长远目标之外，应以长期目标为最终的目标，进行小目标设定。

华为是上世纪90年代末成立的一家公司，当时的注册资金只有2万元，员工也很少，但后来却发展成为了一家拥有近3万名员工的大公司，且手机销量在 2016 年超过了小米，仅次于三星和苹果，位列全球第三。

华为之所以能发展得如此迅猛，就是因为公司不断实施激励计划。首先是华为的准入制度，一旦被公司聘用，工资往往会是同行业中较高的。任正非（华为总裁）深信，高工资是第一推动力，重金之下必有勇夫。奖金的提取与利润挂钩，华为制定一个个小目标，分配原则是小目标实现后根据个人的贡献与责任进行考核后分配。在保证短期激励的同时，华为也不忘记保证长期的激励，即公司的业绩每跨上到一个新的台阶后，公司会以股权的方式予以激励。

与一般其它公司不同的是，华为股权的激励分配并不是按资分配，而是按知识分配，解决的是知识劳动的回报。由于华为是一家以科技为主的公司，所以股权分配变为将知识回报的一部分转化为股权，从而转化为资本，这样就从激励制度上实现了知识向资本的转化。

正是以这样由短期实物或资金的小目标激励加长期股权大目标的激励结合的方式，让华为从默默无闻的一个小公司，迅速发展成为手机全球销量第三的大公司。

◎ 股权激励疑难问答

问：确定激励目标时，应以什么为准则？

答：长期目标应以公司成为行业第一为标准，至于短期目标，最好以业绩的不断提升为主，因为业绩的提升是显而易见的。至于激励的方式，长远目标或中期目标可以期权或股权激励为主，短期激励则可以现金、实物或业绩股票激励为主。

3.2 确定类型：选择最适合的激励方式

激励类型是凌驾于激励方式之上的一种大的分类标准，所以企业在确定激励类型时，不仅要确定好具体的激励类型，还要明确详细的激励方式。

3.2.1 股权激励方式要符合公司现状

企业在实施股权激励时，最忌讳照搬照抄，从激励方式中盲目地选择。很多公司选择股票激励，会盲目地制定股票激励计划，这样做的结果，往往无法达到最终的激励目的，因为可能你的公司根本不适合这种激励方式。

因此，企业在实施股权激励前，一定要根据公司的现状，来确定一种最适合公司发展的股权激励方式，这样才能更为准确地通过推行激励计划，达到最终的激励效果（见图 3-3）。

忆念美健身美容连锁有限公司是重庆一家专门从事经营健身、美容、职业培训、技术咨询、信息传递及企业管理的企业。在 2013 年实施股权激励时，交由一家专门设计公司为其设计激励方案。

通过对公司的调查，设计公司发现，忆念美当前拥有 15 家连锁美容

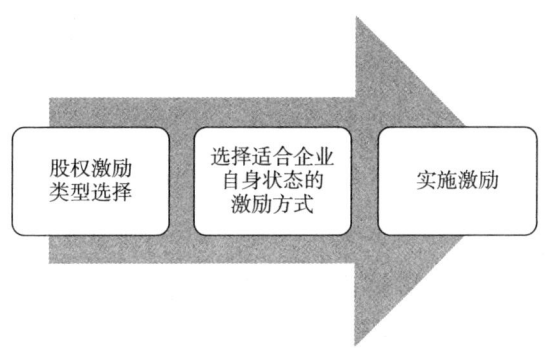

图 3-3 激励类型选择

院、1个美容化妆职业培训学院、1个健身俱乐部,并且公司定位于高端美容服务,于是就设计了如下激励方案:针对公司不同层级(总部和门店)的不同人员采取不同的激励方式,如干股分红、期权、期股等方式;对门店人员采用干股分红的激励方式;针对少量表现好的门店人员和总部后台人员实施期权和期股的激励方式。

这一激励方案的设定,不是纯粹从激励方式出发,而是根据公司的现状,进行分类激励。所以该方案既激发了管理人员的积极性,又增强了普通员工的工作热情,以致这一激励计划实施后的两年多时间里,公司营业额翻了3倍。

由此可见,在选择激励类型时应注意以下问题:

(1)选择激励类型时应因人而异。在选择激励类型时,应考虑到被激励对象,比如对普通员工激励时,就不适于用干股的形式。这是因为一是公司普通员工较多,干股的形式会消耗很多公司股份;二是如果普通员工均选择干股类型的话,高层管理者将难以激励。所以,在选择激励类型时,应抱着对被激励对象有意义、能够产生正能量为前提,尽量提供多元化的激励方式。

（2）选择激励类型时应遵守公正的原则。公正性是保证激励顺利达到目的的保护伞，所以凡是符合激励条件的员工，均要一视同仁予以激励。

（3）选择适合自身需求的激励类型。选择激励类型时，应在公司现状的基础上进行激励。只有符合公司自身需求，才会达到激励的目标。比如上市公司，应多从限制性股票或股票期权的角度出发。而创业公司，可从延期支付或员工持股计划等模式出发，来选择激励类型。

（4）选择激励类型时，不仅要从激励出发，还要从不达标的角度考虑。激励的目的是为了让员工最大限度地发挥自身能力，而对于那些不好好工作的员工，也应在激励类型的基础上，再设定一定的惩罚，从而对员工形成一种约束。

◎ 股权激励疑难问答

问：是不是激励方式越多，就越能达到激励的效果和目的？

答：不一定。选择不同类型的股权激励，只是实施激励的方式不同，并不一定选择的类型多了，就会真正适合自己。因为不同企业所面临的现状不同，其激励的具体目的也不尽相同，所以应根据企业当前的状态，选择一种或多种最适合自身需求的类型进行激励。

3.2.2 先定激励类型，再定操作模式

企业制定激励计划，在确定好激励目标后，应先确定激励类型，然后选定具体的激励方式，才能进行实施。这里需要强调的是，激励类型不是激励方式，而是指只分利的激励类型、先分利后分权的激励类型、分利又分权的激励类型。操作模式就是指激励方式，如限制性股票、干股等形式（见图 3-4）。

第3章 激励要素：抓住九大核心，落实激励计划

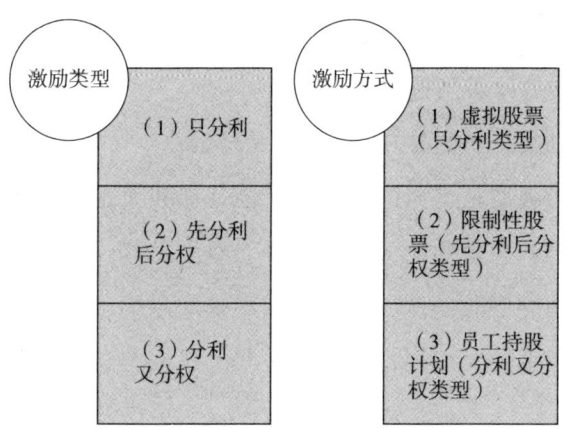

图3-4 激励类型与激励方式

阿里巴巴在创业之初，主要的目的是融资，在与日本软银集团的孙正义合作时，其采取了出让股权的方式进行融资激励，选择的类型就是分利，激励是以公司股权的方式。对外部人才，比如蔡崇信，目的是想吸引人才，于是选择了分权又分利的股权激励方式。同样，对于内部的"十八罗汉"，马云同样出于留住人才的目的，选择了分利又分权的激励方式，以出让公司股权的方式进行激励。

在确定激励类型和选择激励方式时，必须注意以下事项：

（1）选择激励类型时，应从激励目的出发。激励类型代表着激励的标的是权、利，不管是只送利，还是送利又送权，选择时应从激励目的出发来确定，同时要结合企业自身的实际状态，激励方案才能做到更适合企业。

（2）选择激励的具体方式时，应根据企业的自身条件来确定。具体的激励方式要结合企业自身的情况。如若是企业现金流不充裕的话，就应多选择期股、延期支付、限制性股票等现金付出较少的方式。否则，企业会

因激励方式的推行，陷入两难境地。

> ◎ 股权激励疑难问答
>
> **问：激励类型和激励方式的区别是什么？**
>
> **答：** 激励类型是指选择只送利，还是送利又送权，属于激励的实质性选择，是一种激励的大方向选择。而激励方式则是具体的实施方式，是在激励类型的条件下所采取的不同的激励形式，比如送权又送利类型下的员工持股计划，或是先送利再送权类型下的限制性股票的激励方式。

3.2.3 激励类型要与公司性质相适应

企业在选择激励类型时，一定要从公司的性质出发，首先要明确企业是上市公司，还是非上市公司。这是因为，在激励类型和激励方式中，有些方式只适用于上市公司，比如股票增值权。而有些激励类型和方式是上市公司和非上市公司均可使用的，比如全员持股计划。所以，从某种程度上讲，公司的性质不同，往往决定其选择股权激励的类型和方式有所不同（见图3-5）。

其次，企业所属行业的不同也会导致激励类型与方式的差别。比如科技型公司与生产加工型企业具有不同的激励要求：科技型公司，多数以技术为生存和发展的关键，所以选择激励类型和方式时，应以技术骨干为主，偏重于股票（股份）激励方式；生产加工型公司，应偏重于业绩股票或虚拟股票等利大于权的激励方式。

安徽夏阳机动车辆检测股份有限公司，是一家经政府授权的社会化机动车辆安全技术检测机构，并未上市。企业本身的经营内容，是以汽车及

第3章 激励要素：抓住九大核心，落实激励计划

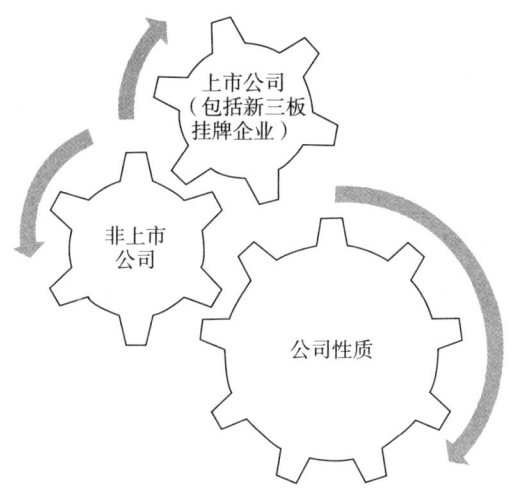

图3-5 公司性质

配件、房屋、设备等的销售与租赁为主，只不过拥有车辆检测的资质，所以公司仍然适合以业绩量来衡量发展进度。从这个角度来说，是适合业绩股票的方式激励的。但是，公司为新三板挂牌企业，因此在选择激励类型时，应参照上市公司的激励形式。经过反复研究，公司最终决定以股票期权的形式实施激励，并在激励草案确定后上报了全国中小企业股份转让系统，按规定在指定的信息平台予以披露，得到核准后，便开始实施激励计划。

由此可见，选择激励类型和方式时应注意以下事项：

（1）并不是每一个激励类型都适用于不同的公司。企业在选择激励类型时，首先应选择那些适合公司性质的激励类型。

（2）新三板企业虽然不是上市公司，但国家规定，新三板挂牌企业，在实施股权激励时，应参照上市公司的形式。所以基本上新三板企业在选择激励类型时，应按照规定，以上市公司的激励标准来选择相关的激励

67

类型。

（3）科技型或生产加工型是不同的公司类型，在选择激励类型时，也应有所区别。比如：科技型公司因公司以技术为主，所以应以股份激励为主。

> ◎ **股权激励疑难问答**
>
> 问：新三板挂牌企业与非上市公司在股权激励的方式选择上，为何有如此大的区别？
>
> 答：新三板挂牌企业虽然不是标准的上市公司，但却可以在市场上挂牌转让股票，等于是企业在上市前的一种市场热身，相当于准上市公司，或看作是公司上市前的准备阶段。一旦条件达到上市标准，即可实现转板上市。
>
> 因此，全国中小企业股份转让系统规定，新三板挂牌企业在实施股权激励时，应参照上市公司股权激励的方式，选择相对成熟的股票激励类型和方式。

3.3 确定条件：明确激励对象取得股权与行权的条件

激励条件是决定激励对象最终能否兑现激励的标准。在激励前一定要明确激励对象之后能否行权的条件，以及取得激励的条件。这样才能让激励对象明确最终是否能获得激励的收益。

3.3.1 条件是业绩，不是时间

在实施股权激励时，一定要确定激励的条件。当未来公司业绩达到某种程度时，激励对象即可行使自己的激励权利。由于这里涉及一个行权期的问题，比如在限制性股票或是期权等模式中，要求到未来12个月或是24个月期满后，经过考核合格后才可行使自己的权利，所以很容易让人误解为激励方案中的行权条件就是时间期限。

事实并非如此，因为时间期限只是激励的有效期，指的是股权激励的时间性规定，并非条件。条件是在这一时期内，公司业绩必须达到激励方案实施时制定的标准，比如公司净利润必须在这一时间内，出现与上一年度比较达到20%或30%的增长幅度。股权激励方案制定时，一定要确认或是明确这一业绩条件，因为它是将来期满后重要的考核标准（见图3-6）。

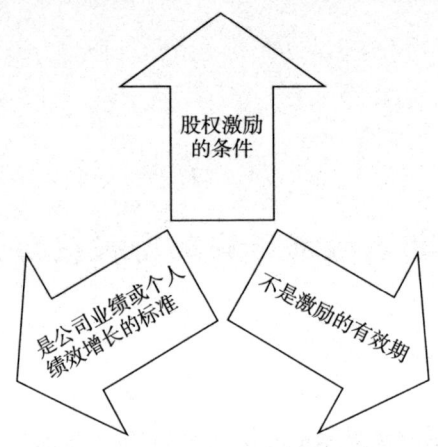

图 3-6　股权激励的条件

分豆教育是一家新三板挂牌公司，在 2014 年 3 月 27 日，公司实施了一项限制性股票的激励计划。在确定行权条件时，设定为以打分的方式计算，即全年最终评分在 120 分~140 分的合格员工，将可以认购公司 400 万股的股票；评分在 140 分以上的合格员工，将可以认购公司 600 万股的股票。激励股份的价格均为每股 8 元。

这一评分标准就是条件，就是员工只有在激励实施时因业绩的提升，被评到了两个标准中的任意一个时，方可获得激励。而分数之差的不同之处在于：前 400 万份股份激励份额，自激励对象获得股份之日起应自愿限售 4 年；后 600 万股的股票激励份额限制激励对象的售期仅为 2 年。这是激励对象行使权利的时间条件。

企业在激励前制定业绩条件时，应注意以下几点事项：

（1）要考虑多种激励的方式和条件。在实施股权激励时，企业应明白，物质奖励只是一方面，精神奖励也是不可缺少的。比如：为优秀员工授予以企业命名的企业奖，除了达到条件后给予一定的物质奖励外，员工还能够得到精神奖励。

（2）激励不是纯粹的奖励。在制定激励条件时，不能只考虑到达标或超额后的奖励激励，同样应考虑到惩罚条件，即不达标或严重不达标时的条件。这样企业才能在激励的同时，做到奖罚分明。

（3）激励条件不是一成不变的，应根据社会及生产力的发展，不断调整激励条件。因此企业在设置激励条件时，不能从平均分配的角度出发，应以业绩为标准，将激励条件设为跳跃式的，即超额奖励是一个标准，其后的奖励会逐步加大，以形成更好的激励目的。

◎股权激励疑难问答

问：为什么当业绩条件达到标准后，还会有一个锁定期的限制？

答：因为股权激励不等同于公司一般实施的业绩奖励，业绩奖励都是以现金的方式直接兑现的。例如在销售公司，当销售员业绩超额后，会按照当初的约定比例兑现提成。股权激励则不同，尤其是限制性股票等激励方式，当员工达到公司激励计划的标准，只是满足了获得激励的资格，而锁定期是公司规定的，尤其对于上市公司或新三板挂牌企业，是由于证券市场规定的禁售期限制，主要是出于稳定市场的目的。所以，公司规定在禁售期到达之前的持有时间内不能出售激励所得股权。

3.3.2　阶梯式激励条件

阶梯式激励条件，是指公司在实施股权激励时，并不是只制定一个简单的目标条件，而是在第一个目标条件达到的基础上再设定一个或多个目标条件，并且这种分段式的目标条件是呈逐级向上攀升的状态，就像一个一阶阶向上攀升的台阶。只有全部达到每一个条件后，方可享受到所有的激励，因此称为阶梯式条件。

阶梯式条件往往是公司制定一系列持续小目标后的中期目标条件。如果企业一下子设定一个中期目标，一来目标过大，实现需要的时间较长；二来会引发员工对激励目标的无望情绪，造成激励计划逐渐流产，不利于形成激励。因此，将中期目标条件分割成若干个小目标条件，来逐步实现（见图3-7）。

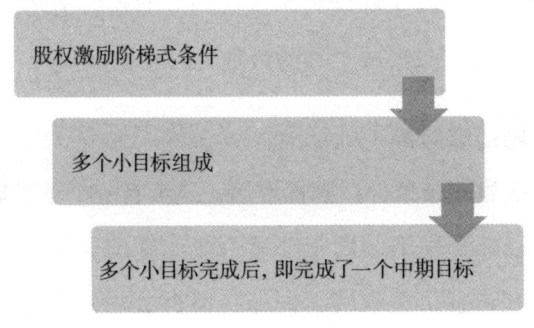

图3-7 阶梯式条件

海积信息是一家新三板挂牌企业，2016年11月，公司发布了第一期股权激励的方案，计划向26名核心员工、高管发行一共285.33万股公司股票，占当时海积信息总股本的9%。其中第一次授予233.36万股，预留51.99万股。

公司的这种分批授予的方式，就是一种阶梯式的激励，因为只有在第一次授予后公司业绩得到了提升，产品研发出现了突破，后续才会出现二次授予的激励。

其次，因公司激励授予时股票价格较低，每股只有1.2元，所以公司设定了不同的解锁期规定，即首次授予的股票，自公司授予日起1年后，激励对象可分3年按30%、30%和40%的比例解锁。其条件是第一次解锁时（2016年）营业收入必须达到同比增长不低于30%，第二次（2017年）和第三次（2018年）解锁时，公司营业收入同比增长均不得不低于

20%。这种激励股票的解锁条件,就是阶梯式条件。

企业在制定阶梯式激励条件时,应注意以下事项:

(1) 在设定阶梯式激励条件时,要考虑到企业逐级兑现的问题。阶梯式条件一经设定,即会成为激励的考核标准,所以企业一定要考虑到要能否及时兑现。例如以生产加工为主的企业,原则上考虑是产品生产或销售的越多,利润会越多。但实际操作中会涉及很多问题,比如第三方企业能否按时结算、原材料价格可能上涨等。

(2) 设定阶梯式激励条件时,应把握好逐一兑现的额度比例。不是激励的额度越高,就越能达到激励的目的,且一定不要因额度的不断加大而干扰到正常的价格利润空间。

(3) 在设定阶梯式激励条件时,应明确规定以正当手段提升业绩。比如针对区域代理,应严格规定不许跨区域销售或私自降价销售,因为这样虽然可以增加这一区域的业绩,但势必会影响到其他区域的业绩,这样公司非但整体业绩并未提升,还助长了恶意竞争,影响公司长远发展。

(4) 制定阶梯式激励条件时,企业应从更长远的角度考虑,避免短期的激励行为。这就要求,在设定阶梯式激励条件时,不能纯粹以公司短期业绩提升为目的,应从中长期发展的角度来设定激励的条件。

◎股权激励疑难问答

问:如果是以业绩来定条件,为什么不一次性到位,非要缩短时间分出阶段性?

答:这涉及到了一个业绩增长的问题。如果是一次性条件,那么激励往往是短期的,一次性的,而如果是分阶段定条件,就有利于业绩出现持续稳定的增长。所以,阶梯式条件不是目的,是一种激励手段,一切都要从激励的长期目标出发去设定条件。

3.3.3 公司目标与部门目标的条件设置

公司目标条件，就是通过激励让公司业绩必须达到一定幅度的净利润增长时，方可兑现激励；部门目标条件，就是某个单一部门的业绩必须达到某一条件时，这个部门被激励的对象方可兑现激励。

这种激励目标的条件设定，往往适合连锁企业。是公司不同业务部门因职责不同，对公司的贡献也不同，所采取的同一激励制度下的不同激励标准的划分。因此，实行这种部门目标条件与公司目标条件激励时，也可以增强公司对各部门的有效管理。并且，在部门目标条件激励的基础上，同时还有公司目标条件限制的约束，也能够促进各部门的协同作战（见图3-8）。

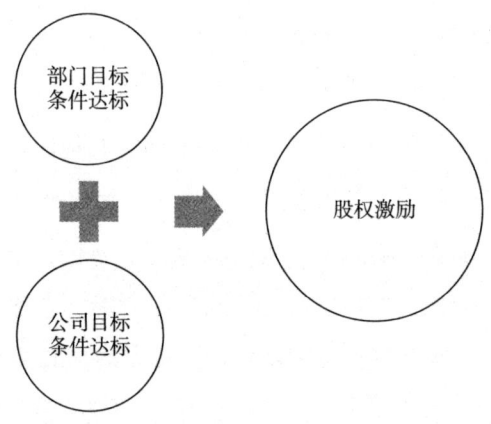

图3-8　公司目标条件与部门目标条件

上海益盟软件技术股份有限公司是一家开发软件的公司，公司在2015年推出了一份激励计划。由于公司为软件开发公司，所以不好分部门进行激励，于是，公司最终决定对激励对象进行分层，即将公司高管、核心员工分为一个层次，将普通员工分为另一个层次。这种分层激励的方式，实际上和公司目标与部门目标条件是一个道理，因为不同阶层的激励对象，其激励条件也不相同，获得的激励数量也会不同。公司授予高管和核心员工 3000 万份股票期权，行权期分为三年实施，行权价格是每股 15 元。普通员工激励计划为员工持股计划，即公司 183 名激励对象需全额认购交由第三方管理的资管计划。这一资管计划将通过定向增发的方式，或者老股转让的方式，获得不超过 550 万股益盟股份的股票，激励对象的认购价格为每股 5.75 元，约为公司最新收盘价的一半左右。

员工持股的不同在于，激励对象在持有公司股票之后，应分 6 个月、18 个月和 30 个月来分别解锁股份的 40%、30% 和 30%。其中，第一次解锁的条件是个人绩效评价合格，另外两次解锁的条件，则直接与公司的业绩挂钩，即公司目标——2017 年利润总额不能低于 2 亿元，达成后可第二次解锁。2018 年的利润总额不低于 2.2 亿元时，方可第三次解锁。

上海益盟软件技术股份有限公司的这种管理层、核心员工与普通员工的分层激励，其实就是一种部门目标条件与公司目标条件结合的情况，只不过这一"部门"被公司以管理层和核心员工与普通员工的标准来划分了。

企业在制定公司目标与部门目标条件时，应注意以下几点：

（1）设定部门目标条件时，要注意市场的变化。因为市场的变化往往会影响到理论目标最终是否能完成。一旦市场出现变化时，应及时调整公司目标条件与部门目标条件。

（2）企业在设定目标条件时，首先应着眼于公司的整体条件目标，而后方可具体化到部门目标条件的设定。公司目标条件是大的整体利益，只有保证整体利益后，部门目标条件的设定才能有标准。

（3）设定部门目标条件时，应结合该部门的实际情况，酌情而定。这就要求企业在最初设定目标条件时，应实际考虑到企业发展的现状，不能盲目，一定要合理。

（4）在设定部门目标条件时，应多听听员工的意见，比如可以让员工先谈谈具体的目标，而后再综合各种因素来设定。

> ◎ 股权激励疑难问答
>
> **问**：在设定部门目标时，是否应以统一的标准一视同仁？
>
> **答**：不是。因不同部门的工作不同，所对应的贡献程度也不同。比如针对公司管理层应以限制性股票的方式激励，而普通员工应以业绩、股票或分红的形式予以激励。

3.4
确定规则：无规则难以激励

无规矩不成方圆。即使激励方案再好，若是没有按照一定的规则来执行，同样不会取得好的效果。因此，企业在制定激励方案时，除了要设定股份数量与价格的调整规则外，还要设定考核的规则，以及退出规则。

3.4.1 股份数量和价格的调整规则

公司在制定股权激励时，一旦激励股份数量或是价格出现了调整，应根据相关要求予以公证和审核。其中，非上市公司应召开股东会或董事会，重新对激励方案予以审核；上市公司或新三板挂牌企业，除了要经股东会或董事会通过外，还要报请中国证券监督管理委员会或全国股转系统审核，通过后需要在指定的信息披露平台予以发布公告，如《证券时报》《中国证券报》等，其后方可实施（见图3-9）。

美的集团是一家上市公司，主要以经营电器为主，股权代码重组后再上市后改为000333。在2014年1月时，美的集团召开了董事会，审议通过了公司第一期股员激励计划的方案，并确定了691名激励对象，授予公司4051.20万份股票期权。但是，其间因有10名原被定为激励的对象离职，公司决定修改激励方案，将激励对象由原来的691人调整为681人，

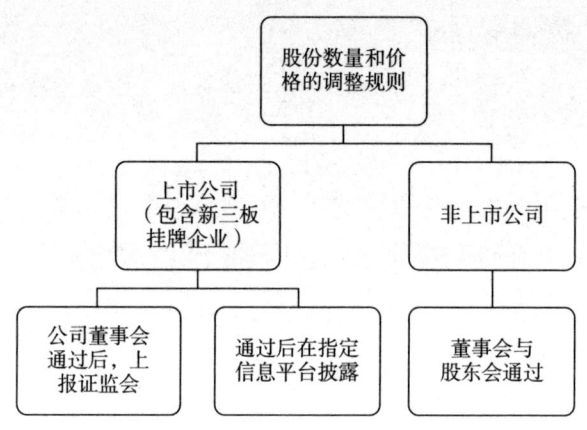

图3-9 股份数量和价格的调整规则

行权价格由48.79元调整为18.72元,行权数量调整为9986.25万份。

调整方案确定后,公司先是召开了一次临时股东会,通过了这一方案。其后又召开了董事会,审议通过后,公司又将这一修改方案上报到了证监会审核。证监会审核通过后,按照规定,公司又在指标的信息平台予以披露,发布了一份公告。

企业调整激励股份数量与价格时的注意事项如下:

(1) 在实施激励计划期间,如果要调整股份数量及价格,或是增加激励股份时,一定要说明股份来源。若只是价格调整,应说明调整的原因。

(2) 在实施激励计划期间,如果要调整股份数量及价格,一定要在公告中说明调整的具体原因。激励计划一旦制定好或开始实施,就不能随意更改,所以调整时一定要表明为什么调整。

(3) 在实施激励计划期间,如果要调整股份数量及价格,非上市公司应召开股东会,通过后方可实施。若是上市公司或新三板挂牌企业,除了在股东会、董事会上通过外,还须上报证监会或全国股转系统进行审核,只有通过后方可实施。同时需要按照规定,在指定的信息平台予以公示。

◎股权激励疑难问答

问：非上市公司在更改股份数量或价格时，为何要进行工商登记更改？

答： 公司的股份一旦出现变化，即使没有涉及控制权发生变化的问题，公司的具体出资情况也会发生改变，因此要及时进行工商登记变更。这样做，既可以保证被激励对象的权利，同时也能够明确激励对象今后可能会涉及的责任承担的问题。

3.4.2 业绩考核规则

业绩考核是企业股权激励过程中的一个重要环节，是周期性检查和评估员工工作表现的一种管理系统，是公司高管对员工的工作做出的一种系统性评价。有效的业绩考核，能够确定员工对企业的贡献或员工自身的不足，也是整体上对人力资源的管理提供的一种决定性的评估资料。因此，业绩考核是企业发展中不可缺少的员工工作状态的反馈，能让企业经营管理者及时调整布局，通过激励机制与奖惩机制，提高员工的工作状态和业绩，促进企业持续发展。

业绩考核制定时，必须遵守以下几点原则：

（1）业绩考核制定时，必须坚持可量化的原则。企业要学会量化管理者与员工的工作，以及量化企业组织架构。这样，在制定业绩考核时，目标和考核条件就能够做到细致的量化，也就不会导致考核标准出现模糊的情况。

（2）业绩考核制定时，应坚持目标可实现的原则。就是考核的目标必须是员工付出努力后可以实现的，不能过高也不能过低。

（3）业绩考核制定时，要坚持明确和具体的原则。业绩考核必须要有明确的、具体的指标条件，让考核执行者与被考核者均能够准确地理解目标。

（4）业绩考核制定时，应坚持有时限性的原则。因为考核目标只有拥有时限性，员工才能在规定的时间内完成，否则，考核的结果也就失去了意义。

（5）业绩考核制定时，应坚持实际性和现实性的原则，不是假设性的。现实性的原则是在尊重现实的基础上，对考核目标始终保持客观性，是实实在在存在的，而不是可望不可及的空中楼阁（见图3–10）。

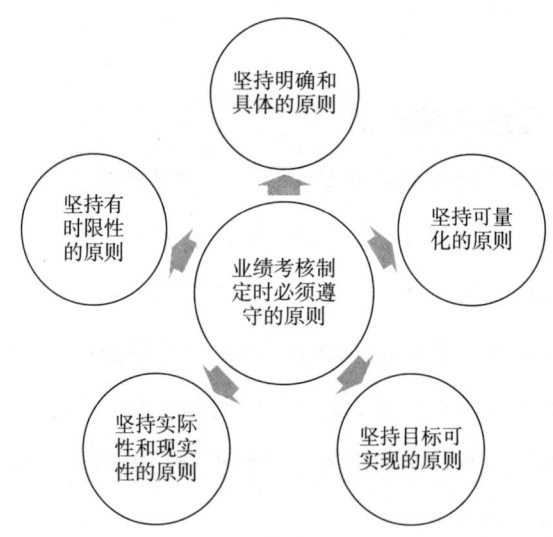

图3–10　业绩考核时必须遵守的原则

某大型企业为了提升公司竞争力，决定实施一项长期的股权激励，在制定业绩考核标准时，公司针对所有员工，将考核条件设定为A、B、C、D四个等级，并且每次考核中要保证员工总体有4%~5%达到A级，20%达到B级，4%~5%达到D级。虽然公司规定的考核时间为一年，但因这一激励的考核方式是按比例规定的达标人数，太过笼统势必影响到激励的最终目的，于是公司再次设定了新的业绩考核标准，直接以普通员工的工作量为标准，设定了同样的四个级别，实施一年后，公司业绩得到了明显提升。

> ◎**股权激励疑难问答**
>
> **问**：如果是科技型公司，如何做到业绩量化？
>
> **答**：因科技型公司以科学技术研发为主，在量化时确实存在着难量化的现象，目前许多公司都在尝试性地实施如下考核方式：一是将科研项目分阶段量化；二是综合考核员工的工作饱和度。对于科技公司，可以从科研进度和突破上予以考核和把握，也可以分部门量化考核标准。对于主要的科技骨干，公司可以根据员工最终对公司的贡献，以股份激励的方式实施激励。

3.4.3 退出规则的制定

企业实施股权激励，对员工是好事，但如果实施不当，反而会有适得其反的效果。因此在激励计划制定时，企业应做到未雨绸缪，事先将退出机制制定好。

退出机制的制定，主要是解决员工退出时回购的问题，因它涉及企业的利益以及公司股权的问题，所以内容主要包括以下三个方面：

（1）员工离职的期权回购。员工离职的情况略复杂：激励期间未满时，员工出现离职，应规定自动放弃激励；激励期满员工离职时，应制定计划时注明及时兑现；激励期满而员工未行权时，同样规定可随时兑换；但如果是上市公司采取股票激励方案时，应考虑到被激励对象所持股票份额可能会引起的公司控制权的丧失等问题，所以应设定好强制回购与价格确定的问题。

（2）正当到期的期权回购。当员工正常工作，符合获得激励的条件时，公司应按照考核后的结果，授予员工相应的激励，按照最初的约定兑现当初的承诺。所以，在制定激励计划时，企业应注意激励方案确定后的回购方式。如为期权，则应设定好回购日期，以及回购价格的确定方式，以避免到期后回购时发生纠纷。如果上市公司授予的为限制性股票，应在实施之初，即制定好锁定期、解锁期和行权期的日期和条件，以利于激励对象到时的顺利退出。

（3）特殊情况的期权回购。特殊情况是指出现某些不可预知的意外，比如天灾人祸时，或是被激励对象在激励期内出现违反法律规定被判刑的情况时，或是公司无法再正常运行，无法继续履行和完成激励目标时……这些情况公司在制定激励计划时均应考虑到，并予以注明（见图3-11）。

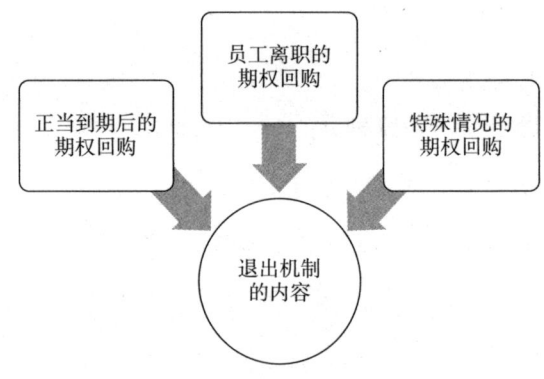

图3-11 退出机制的内容

某公司为一家软件公司，成立时仅有5个员工，但在获得了A轮融资后，获得了800万元的天使投资。为了对员工进行激励，老板决定实施股权激励。初期激励采取固定工资＋浮动工资的方式，进一步激励时采取以员工自愿的方式，如可以将机动工资作为购买公司股份的方式，但有一个条件：未来员工离职时，拥有的公司股份必须合理估算后卖给公司。这样一来，公司既实施了激励，又保证了员工中途退出时股权不会流失。

在股权激励过程中，最大的问题就是股权流失，因为这会引发公司的控制权流失。因此，在制定激励方案时，企业一定要根据以下的原则制定退出机制。

（1）坚持以退为进的原则。建立退出机制时，一定要以以退为进为原则，因为退出不是最终的目的，只是一种保障的机制。

（2）以维护员工和公司利益为前提。从本质上来讲，退出机制是为了维护企业的利益不因员工的退出而受损，但企业也应从员工的角度考虑，以确保员工的利益不受损。

（3）坚持公平、公正的原则。制定退出机制时，一定要遵守公平、公正的原则，因为如果退出机制过于苛刻的话，则可能形成霸王条款，那么就会让人质疑激励是否会如期履行，从而给企业带来不被信任的因素。

> ◎股权激励疑难问答
>
> 问：在行权期内，如果员工离职，激励股份是否仍可行权？
>
> 答：当然可以。只要是员工通过了公司考核，公司也进行了行权的公布，那么员工此时是不必担心离职后难以兑现的。但是，如果员工此时离职的话，应先行权后再办理离职。而如果员工考核时未能通过达标，则激励的期权是无法兑现的。

3.5
确定人员：选对人才能分好钱

确定人员，就是选定要激励的对象。只有选择对了要激励的人，才能通过这些激励人员的努力，在未来激励人员获得更多收益的同时，企业也得到更大的发展。

3.5.1 认同公司核心价值观的员工

核心价值观是解决企业在发展中如何处理内外矛盾的一系列准则，比如企业对市场、客户和员工的看法或态度。企业在激励员工时，一定要选择对公司核心价值观持认同态度的员工予以激励，否则就会落下激励不讨好的结果。

公司核心价值观的主要内容如图3-12所示。

泰格医药是深市创业板上市的一家公司，2013年公司实施了一项激励计划。在这份激励计划中，公司以增发的方式向中层管理人员及技术核心人员授予300万份股票期权。在激励对象的选择上，公司以认同公司核心价值观的中层管理人员和核心员工为核心激励对象。但是从激励目的出发，为了充分调动员工工作的积极性，公司还从普通员工中选择出了3名老驾驶员，授予共7511股的股票期权。这3名驾驶员虽然没有突出的成

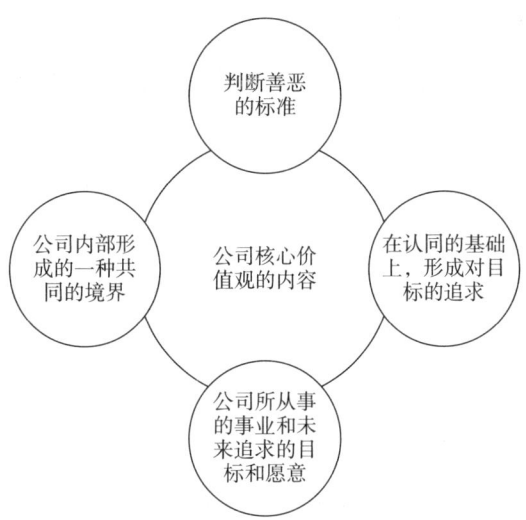

图3-12 公司核心价值观的内容

绩，但认同公司的核心价值观，且工作态度一直很积极。

由此可以看出，在实施股权激励时，应参考以下几种情况，以分清哪些是认同公司价值观的员工。

（1）认同公司的核心价值观，能力不足。这类员工虽然能力稍差，但可以通过激励进行培养。

（2）有成绩，不认同公司的核心价值观。这类员工只能通过物质激励，并予以开导，如果无效，则应利用其长处，只要不会破坏公司的核心价值观即可。

（3）没成绩，不认同公司的核心价值观。这类员工，不应继续留存企业拖后腿，否则会影响到公司的核心价值观。

（4）认同公司的核心价值观，工作成绩突出。对这类员工应进行激励，以创造出更大的价值。

> ◎ 股权激励疑难问答
>
> 问：当员工认同公司的核心价值观，但培养后能力却无法提升时怎么办？
>
> 答：这类员工属于"有心手笨"的那种，但因其认同公司的核心价值观，可以考虑根据其特长或是意愿，安排到更为适合他的岗位任职，以发挥出其最大的能力，而不是根据公司意愿来安排。

3.5.2 管理层

管理层，是指企业在经营活动中，负责管理公司的阶层。从职能上来看，管理层有两个职能：一是管理企业；二是利用企业现有的人力和物质资源，打造出一家能够创造经济价值的企业。

从管理层的两个职能看，其在企业中往往占据着重要的地位。因此，企业在实施股权激励时，在确定人员后，应更多偏重于对公司管理层的激励（见图3–13）。

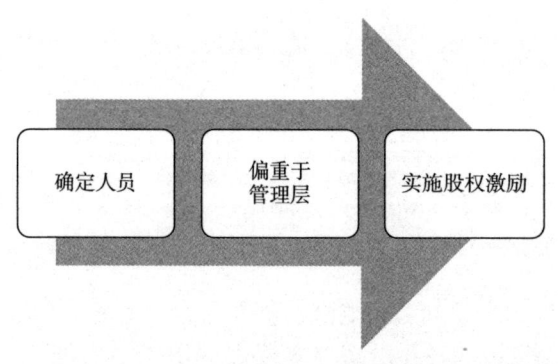

图3–13 确定激励人员——管理层

对于一家企业而言，管理层也是层次分明的，通常会有高级管理人员与中层管理人员之分。在激励管理层时，从激励力度上应当偏重于高级管理人员，中层管理人员次之。因为，企业业绩是否提升，关键在于高级管理人员的管理和努力。高级管理人员是除了股东以外的最上层的企业经营管理者。俗话说，"火车跑得快，全凭车头带"。"车头"指的就是企业的高级管理人员。

成都康弘药业集团股份有限公司是一家深市中小板的上市公司。2015年12月，公司通过了一份股权激励方案。在这份激励计划中，公司在选择激励人员方面，选定了公司董事、中高层管理人员、核心技术（业务）骨干以及公司董事会认为需要进行激励的其他人员（不包括独立董事、监事），对这些人员进行激励，以当时股价的50%授予这些人员共计44560万股的限制性股票，占公司股票总量的1.03%。

此次激励，公司采取了分批激励的方式，即首次授予431.249万股，占公司股本总额的0.97%，预留28.751万股，占公司股本总额的0.06%。其中的预留部分，即对董事会认为需要进行激励的其他人员再进行激励。

从公司激励的数量比例可见，成都康弘药业集团股份有限公司的此次股权激励，重点就放在了对公司中高层管理人员身上，并且授予的限制性股票数量也很多。

◎股权激励疑难问答

问：没有基层员工的努力，公司业绩同样难以提升，为什么要格外注重对管理层的激励呢？

答：公司运营的好坏，在很大程度上依赖于管理层的经营管理，很多优秀的企业都是如此。比如苹果公司，当年乔布斯离开后，公司的业绩大幅下滑，企业最后不得不再次请回乔布斯，最终苹果才得以翻身。所以，企业能否大幅盈利，最关键的核心是管理者的经营管理。

3.5.3 核心技术骨干

核心技术骨干，指的是在企业经营过程中，掌握了关键技术的工作人员。这些人员，由于自身掌握着关键性的技术核心，所以对企业的发展起着重要的推动作用。尤其是以技术为主的科技公司，从某种程度上讲，这类公司的核心技术骨干在公司发展的过程中，其重要程度不亚于高管。因此，企业在制定激励计划时，应当将核心技术骨干作为重要的激励对象（见图3-14）。

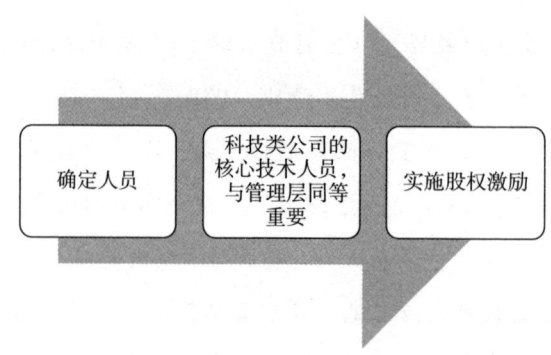

图3-14　确定人员——核心技术骨干

华策影视是一家上市公司，2016年公司实施了一项激励计划，授予了激励对象设计标的股票数量为4000万股的股票期权和限制性股票，占总股本的2.29%。其中，股票期权1144.53万股，占总股本的0.655%，限制性股票2855.47万股，占总股本的1.635%。

除了激励的份额相当大外，公司计划授予的股票期权行权价格为10.07元，计划授予的限制性股票价格为5.04元，可见，优惠力度也是很大的。而激励的对象共计338人，基本上囊括了公司的管理层和核心业务骨干。这表明，公司的激励核心放在了管理层与核心技术骨干两个层次，以期通过高效的管理和领先的技术推出更多、更好的影视剧，从而提升公司业绩。

由此可见，随着时代的发展，尊重技术已经提升到了与尊重管理同等重要的程度。所以，无论是以技术为主的科技公司，还是生产加工企业，核心技术骨干几乎成为了企业未来发展过程中不可缺少的重要人员。因此，企业在制定股权激励方案，确定激励人员时，应当重点关注核心技术骨干。

> ◎股权激励疑难问答
>
> **问**：纯加工类企业，为什么也要注重核心技术骨干？
>
> **答**：这里涉及一个关于核心技术骨干的定义问题，因为不是看似生产加工类企业对技术的要求就低了，一旦技术不过关，同样会影响到产品销路。其次，纯加工类企业，其产品的经销人员同样是核心技术骨干。所以，研发、营销等关键性人员，都应以技术骨干来对待。

3.5.4 功臣和忠臣

功臣和忠臣，是公司成长过程中不可或缺的。功臣是为公司的发展付出努力、建立了一定功勋的职员，特别是对于既没钱又少技术的初创企业，或是企业在面临重要阶段时，功臣所起到的作用是至关重要的。因此，对于已经成长起来的公司而言，即使出现功高盖主的情况，只要对方仍然能够勤恳工作，就应予以激励。因为功臣是企业的一面镜子，更能起到激励其他员工的作用。

忠臣是一直效忠公司的职员，这样的职员，能力上或许会有局限。即使忠臣无法为企业担负起更大的责任，但只要将其安排在能力范围之内的工作岗位，必能充分发挥其能力，创造价值。因此，对忠臣仍然应当予以激励，他们同样是企业的一个标杆，能对能力有限但勤勉工作的员工，起到激励的作用（见图3-15）。

图3-15　确定激励人员时不能忽视的对象

2016年，腾讯旗下的微信团队经过不断研发和推广，使得微信不仅在产品上实现了不断提升，添加了"搜一搜"、"看一看"等小程序，还通过接连推广，与星巴克、肯德基等合作，在线下的收益一举超过了支付巨头阿里巴巴的支付宝。

为此，马化腾（腾讯公司控股董事会主席兼首席执行官）在腾讯设立的"名品堂"奖励了微信团队1亿元的现金奖励。"名品堂"是腾讯公司于2015年设立的，专门针对旗下代表公司级里程碑产品设置的最高荣誉，只有腾讯旗下的公司级别的功臣才能获得此激励。腾讯对微信团队的奖励，就是对功臣的一种激励。

那么，对功臣和忠臣的激励方式分别有哪些？

（1）忠臣是矢志效忠企业的人员，因这类员工对企业的核心价值观非常认同，所以会一直勤奋努力地工作。因此，对于有潜力的员工，应给予激励培养，当能力提升后，可以承担更大的责任；对于能力较差者，可安排在更适合的工作岗位，让其发挥出最大的能力。

（2）功臣是对企业的发展起到重要作用的人员，企业应适当给予一定数量的公司股票或股份，或是分红权等利润上的激励。因为不薄功臣，才能激励人人都有想立功的念头。

第3章 激励要素：抓住九大核心，落实激励计划

◎股权激励疑难问答

问：如果功臣出现"功高盖主"的情况时怎么办？

答：这就要按照"功高盖主"的结果来确定。如果员工只是业绩上的"盖主"，老板应当激励其再接再厉。如果员工功高盖主，出现了有损企业形象与利益的情况时，老板应严格按照公司章程处理。

3.5.5 短期内难以量化考核的人员

短期内难以量化考核的人员，是指企业在经营活动中，其工作量在短时期内难以具体量化，所以在考核时难以进行考核。就其工作性质而言，在短期内往往是没有一个量化的标准参考的。所以，对这类员工进行激励时，是无法用常规的方法来考核的，但是却要对其进行适当的激励，因为这些人的工作虽然不能量化，但往往对企业的经营起着较为重要的作用（见图3-16）。

图3-16 短期内难以量化考核的人员

那么，短期内难以量化考核的人员包括哪些呢？

（1）普通技术人员。这些人员处于核心技术骨干的次要地位，比如核心技术人员的助手等。从关键技术的角度判断，这些人员起到的作用是低于核心技术人员的，但对技术研发的过程又起着推动作用，所以激励时同样不能忽视。应对其适当给予期权或限制性股票的激励，或是直接与核心技术人员组成一个小的团队，激励时按团队人员的贡献大小以不同的比例

进行激励。

（2）部门的机动人员。这些人员在工作中，往往起到了候补的作用，即在部门中哪里有需要去哪里的工作状态。实际上，这些人员在部门内属于掌握全面技术的骨干，只不过就部门某一环节而言，没有做到精通。因此，对这类"万金油"式的员工，同样要给予适当的激励，因为他们看似无关紧要，却能够在关键时刻救场，是不能忽视的人员。

（3）普通行政、后勤、财务等部门的人员。这些人员因工作内容和性质，决定了他们的工作考核时无法量化，但是他们在工作中却扮演着较为重要的作用。因此，在确定激励人员时同样不能忽略，只不过在考核时，可以从工作态度、工作效率、工作能力、工作成绩、沟通能力、团队意识、配合能力、员工印象等几个方面进行适当的量化，来进行综合考核评定。

阿里巴巴创始人马云有一个女秘书，工作了几年，办事能力还是很马虎，并且还经常将马云的工作安排得一团糟。不仅如此，女秘书还经常向同事们报怨公司给的待遇太低。

马云知道后，便给这位女秘书的工资待遇增加了一倍。原本，马云是想忽然大幅提高一下她的待遇，而后找个机会解聘她。令马云没有想到的是，在给这位秘书工资翻倍后，她突然提高了工作积极性，不仅将日常的工作都安排得井井有序，还为公司谈成了几笔业务。后来，马云不仅没有开除秘书，反而开始重视起了对这类员工的激励。

从案例中可以看出，马云并非是出于激励目的为秘书涨工资，而是"无心插柳柳成荫"。这也说明了，对于秘书这类考核难以量化的人群，同样需要激励，哪怕只是资金的激励，有时候也能达到意想不到的激励效果。

◎ 股权激励疑难问答

问：对难以量化考核的人员如何激励更有效？

答：相对于其他员工而言，难以量化的人员，主要是在考核时难以量化。所以在对这类人员进行激励时，现金的激励方式更为有效。当然，也可以综合考查这类员工对公司价值观的认可度和工作态度、办事能力，给予一定的期权或限制性股票激励。这样做的目的，主要是基于团队稳定的长期激励的考虑。

3.5.6 依存度高的上下游企业

依存度高的上下游企业，是指企业在经营过程中，在整个产业链中，对企业影响较大的上游企业，比如为企业提供原料或半成品供给的企业；以及相关的下游企业，如公司的产品直接销售的企业。在产业链中，对企业而言，无论是上游还是下游企业，供需依存度越高，则表明企业在发展过程中，对上游或下游的企业依赖性越强。同时，上下游企业对企业的业绩会产生非常重要的影响（见图3-17）。

由于供给和需要的关系，导致了企业对上下游企业有着较强的依赖性，尤其是当企业的主营业务较为单一时，上游企业的供给与下游企业的获需程度，往往直接决定了企业的命运。因此，企业在激励时，绝对不能忽视对依存度较高的上下游企业的激励。这种对上下游企业的激励，往往表现为对供需量和价格的激励。

魅族是一家后起的手机制造企业。手机制造离不开对芯片的需求，而当前的芯片市场形成了以高通骁龙系列、苹果IOS系列、联发科系列三大芯片为主的市场竞争格局。其中，苹果IOS为自用系统，不对外出售；高

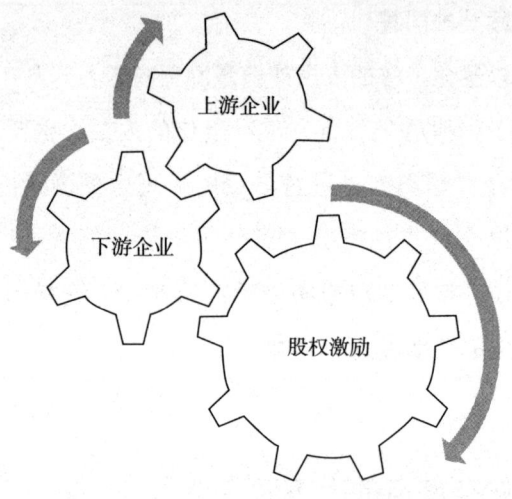

图 3-17　依存度高的上下游企业

通一直在向魅族讨要专利费；只有联发科的芯片能够提供给魅族。

联发科似乎成为了魅族唯一的上游企业。

为了维护与联发科的关系，魅族在其旗舰机型上一直率先推行联发科的最新芯片，例如用于魅族 PRO7 上的联发科 X30 等。魅族的这一做法，是"无奈之下"对联发科芯片的一种不遗余力的大力推广，也是对上游企业联发科的一种激励。为此，魅族一直拥有联发科的最新芯片使用权。

而相对于联发科来说，魅族是其手机芯片的下游企业，尤其是其在中高端市场一直受到竞争对手高通的排挤。所以在手机芯片价格和优先使用权上，联发科同样给予了魅族诸多优惠，也算是对下游企业的激励。

魅族对联发科芯片的不遗余力的大力推广，就是下游企业对上游企业的激励；联发科为魅族提供最新技术的芯片和价格优惠，则是上游企业对下游企业的激励。

◎**股权激励疑难问答**

问：关联企业是不是属于依存度较高的上下游企业？

答：基本上是的。因为关联企业通常是受控于这家企业，或是通过第三方间接控制这家企业。通常情况下，两家企业为关联企业时，它们就存在一定的上下游关系，彼此间存在产品的依赖，比如一方为另一方提供重要的原料或零部件，其原料或零部件直接影响到了另一方的经营业绩。所以从充分保证自身业绩的角度出发，另一方会和这家企业实现关联的情况。因此，关联企业本身的出现，多数都是上下游企业间的激励所致。

3.6
确定价格：合理的价格才能起到激励的效果

股权激励中，股票或股份价格的确定，往往和公司的性质有一定的关系。公司性质是指公司为上市公司或非上市公司。公司的性质不同，确定激励价格的方式也不同。同时，在行权价格进行调整时，也有着具体的方法。

3.6.1 非上市公司的定价方法

非上市公司在实施股权激励时，会遇到一个比较棘手的问题，就是股份如何定价。这里存在一个标价的问题，股权激励的每股价格＝公司估值÷总股本。总股本对于非上市公司来说，就是企业的注册资本，即注册资本为10万元时，总股本为10万股。公司估值计算起来相对复杂，通常都会涉及公司的财务数据，如公司利润和公司收入等，需要专业的评估机构进行评估后确认。

但是，对于初创公司而言，首轮融资中为天使轮融资，此时的公司估值中财务数据等指标往往没有参考价值，关键在于公司与投资人之间的谈判。对于公司估值的确定往往是通过与同类型同规模的公司的估值进行对比，再经过双方谈判来确定估值。

然而，公司在实施股权激励时，确定激励股份价格时往往不会过分强调估值。比如一家公司，如果注册资金为500万元，总股本即为500万股，公司估值若为1000万，那么激励时的股份定价=1000÷500，即每股2元。但是，初创公司在实际确定激励股份价格时，往往会采用以成本价、低于成本价或无偿赠予的方式实施（见图3-18）。

图3-18 股权激励的每股价格

N公司是一家非上市公司，成立不久就决定实施一项长期股权激励计划。在确定股份价格时，因公司为非上市公司，而公司成立时的注册资本为1000万元人民币，确定了公司的总股本为1000万股。此时公司的估值已经达到了3000万元，在实施股权激励时，公司决定授予3名高管共计公司股份10%的激励，条件是2017年度公司业绩必须实现至少20%的增长。

在确定激励股份价格时，价格本应为公司估值3000万÷注册资本1000万=每股3元。但在实现确定股份价格时，公司本着激励的目的，最后决定以成本价卖予激励对象，即以每股1元的价格授予公司3名高管共计10%的公司股份，充分体现了激励的价值。

股权激励中的每股价格的最终定价方法：

出价，即是激励对象实际购买的价格。因为标价只是一个参考，真实成交时不一定会以标价成交，通常以折价、平价、溢价三种形式出现，即在公司估值除以总股本后的价格基础上作适当的上下浮动。在实际中，企业大多都会出于激励的目的，以折价的形式，即1元/股的价格出现，此外，企业通常也会采取打折或无偿赠送的方式出让公司股份。

股权激励定价时应把握的原则：

（1）同一批股权激励的股票价格必须同股同价。这是一条公平原则，不能因为授予对象的职务或工种不同，出现同股不同价的情况。但是可以采取不同的授予数量，来区别不同的激励对象。

（2）公司在不亏损的情况下，在第一次实施股权激励后后续的股权激励计划实施中，公司授予激励对象的股份价格应当比前面授予的股份价格高。

> ◎股权激励疑难问答
>
> 问：在定价时，是否溢价就意味着价格过高？
>
> 答：不一定。对于非上市公司而言，做到客观地评估往往很难。尤其是那些科技类公司，其商业价值尚未体现或仅仅体现出了某一部分时，评估往往很难做到客观。所以，非上市公司在设定价格时，成本价只是一个参考，公司估值的评定同样也只是一个参考，关键在于员工应与老板对公司的未来价值达到一种共识，即认可公司的核心价值观。而作为公司一方，最好从激励为目的出发，并结合市场估值，在价格的设定上，尽量以低于成本价的方式出现，从而显示出诚意，这样更有利于凸显出激励的优势。

3.6.2 上市公司的股权定价方法

上市公司在以股票作为激励时，应根据《上市公司股权激励管理办法》中的相关规定定价。

定价原则：

根据《上市公司股权激励管理办法》第二十四条规定：上市公司在授

予激励对象股票期权时，应当确定行权价格或行权价格的确定方法。行权价格不应低于下列价格较高者：

（1）股权激励计划草案摘要公布前一个交易日的公司标的股票收盘价。

（2）股权激励计划草案摘要公布前30个交易日内的公司标的股票平均收盘价。

定价方式：

（1）股票存量激励。根据《股权激励有关事项备忘录1号》规定，如果标的股票的来源是存量，即从二级市场购入股票，则按照《公司法》关于回购股票的相关规定执行。如果是作为奖金性质的股票，激励对象不用出资购买。

（2）股票增量激励。如果激励股票来源为增量，即公司通过定向增发的方式取得股票，实质属于股票的定向发行，应参照现行《上市公司证券发行管理办法》中有关定向增发的定价原则和锁定期要求确定价格和锁定期，同时应考虑股权激励的激励效应予以定价。

定向增发的股票价格定价方法：

根据《上市公司证券发行管理办法》，上市公司应按照不低于该发行底价的价格发行股票。按照规定，"定价基准日"是指计算发行底价的基准日。定价基准日，可以为关于本次非公开发行股票的董事会决议公告日、股东大会决议公告日，也可以为发行期的首日。

具体的计算公式为：定价基准日前20个交易日的股票交易均价＝定价基准日前20个交易日的股票交易总额÷定价基准日前20个交易日的股票交易总量。

上市公司科大讯飞在 2017 年 4 月 17 日召开的第四届董事会第四次会议上，审议通过了一份《关于向激励对象授予限制性股票激励计划首次授予部分的议案》，同意授予公司 922 名激励对象 6258.4 万股的限制性股票，首次授予权益的授予日为 2017 年 4 月 21 日。从公司的公告中得知：此次激励计划的首次授予部分的限制性股票，授予价格为每股 13.795 元。当时公司在二级市场上的股价相对处于低位，每股只有 30 多元，显然这一价格是低于 50%，所以公司上报了证监会审核获得批准后，即开始实施了激励计划。

在上市公司确定股权激励价格时，还应注意以下几个问题：

（1）定向增发的股票，发行价格应不低于定价基准日前 20 个交易日公司股票均价的 50%。如果实施激励时股价低于了这一标准，必须由公司在股权激励草案中做出充分分析，披露其对股东权益的摊薄影响，并上报中国证券会上市公司监管部提交重组审核委员会讨论后予以审核，同意后方可实施。

（2）上市公司股权激励时，自股票授予日起 12 个月内不得转让，激励对象为控股股东、实际控制人的，自股票授予日起 36 个月内不得转让。

（3）根据《上市公司股权激励管理办法》第十八条规定：上市公司以股票市价为基准确定限制性股票授予价格的，在下列期间内不得向激励对象授予股票：

A. 定期报告公布前 30 日。

B. 重大交易或重大事项决定过程中至该事项公告后 2 个交易日。

C. 其他可能影响股价的重大事件发生之日起至公告后 2 个交易日。

◎股权激励疑难问答

问：上市公司在实施股权激励过程中，如出现纠纷公司是否有权收回股票？

答：是的。因上市公司在以限制性股票实施股权激励时，均有一个限制期，即锁定期。如果被激励对象在此期间因离职等原因与公司发生纠纷，公司有权以当初授予的股票价格回收授予的股票，但不可能全部回购授予时的数量，毕竟授予对象已经在公司工作了一段时间，可按比例回购。不过，不管是激励时股东是有偿转让还是无偿转让，通常在激励计划中都会设一个附加条件，注明即使激励对象所接受的激励股票解锁后，也要求被激励人员在受让股份后在公司工作一定期限。这样一来，上市公司与激励对象也会有一个相互的约束。

3.6.3 行权价格的调整方法

行权价格的调整，是指公司在实施股权激励计划后，通常因公司实施缩股、扩股等股份变动而引起公司总股本发生变化后，导致股权激励的股票价格出现相应的调整。具体的调整原理为：当股数增加时，行权价格出现降低；当公司股数减少时，相应价格出现提高（见图3-19）。

例如：

资本公积金转增股份、派送股票红利、股票拆细：$P = P0 \div (1+n)$

缩股：$P = P0 \div n$

派息：$P = P0 - V$

其中，P0为调整前的行权价格；V为每股的派息额；n为每股的资本公积金转增股数、派送股票红利、股票拆细的比率或缩股比例；P为调整后的行权价格。

由此，可以总结出一个具体的价格公式：

P = P0 × (P1 + P2 × n) / [P1 × (1 + n)]

其中，P 是所求的行权价值；P0 是调整前的行权价格；P1 是股权登记日收市价；P2 是配股或增发的价格；n 为增发比率。

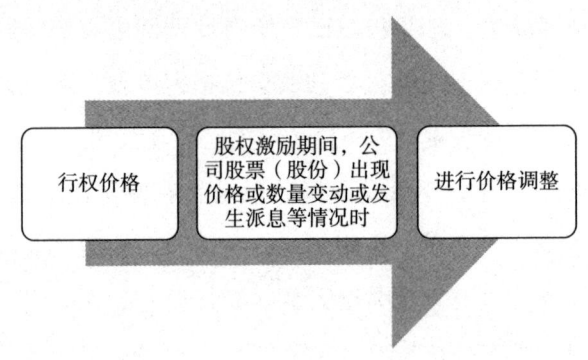

图 3-19　行权价格的调整方法

中集集团是一家上市公司，在 2011 年 9 月实施了一项股权激励计划。按照计划，股权激励的行权价格定为 11.58 元和 17.11 元。但是由于在 2013 年 8 月 9 日，公司实施每 10 股派息 2.30 元，税后 2.185 元。因此，在随后的 9 月 12 日，公司根据这一变动，召开了第七届董事会 2013 年度第七次会议，审议通过了《关于对股票期权激励计划行权价格进行调整的议案》。

根据这一议案，当初实施股权激励时的股票价格，变动为 11.35 元和 16.88 元。而这一价格变动，即是因公司派息所产生的，价格的计算为 P = P0 - V，即原行权价格减去派息价每 10 股派 2.30 元（含税）所得，即 11.58 - 0.23 = 11.35，17.11 - 0.23 = 16.88。

由此也可以看出，当公司激励股份出现价格调整时，应注意以下事项：

(1) 上市公司若是出现激励股票价格或是行权价格调整时，必须根据规定，召开董事会予以审议通过，并在其后于相应的平台进行披露。

（2）非上市公司股权激励价格出现调整时，需要股东会通过，并及时对激励对象进行告知。

（3）特殊情况下，如公司股票在证券市场上出现大幅下跌，公司对激励股票价格进行调整，应主动降低激励股票价格时，上市公司同样需要经过董事会审议，并报请证监会审核，通过后方可实施。

◎ 股权激励疑难问答

问：如果非上市公司股本不变动，激励的股权价格就不能调整吗？

答：不一定。即使非上市公司的股本不发生变化，但公司出于激励的目的，也可以对股权激励的股份价格进行相应的调整。如公司因业绩大幅增长估值被大幅高估，或是公司为体现激励的效果，主动降低价格等。

3.7 确定数量：股权激励的份额要合理

激励的股份数量，直接关系到了企业的控制权。因此，在确定激励的股份数量时，一定要把握好一个尺度，合理制定股权激励的数量，控制好激励股份的比例。过少，难以达到激励的效果；过多，又可能会涉及到控制权的流失。

3.7.1 股权激励的总量

公司在实施股权激励时，股权数量的总量是有一定限制的，特别是上市公司，股权激励计划设定时的股票数量是有一定限制的。对于新三板挂牌企业，按照规定，应参照上市公司股权激励的方式执行。

这里需要明晰一个称谓，就是股票、股份。通常上市公司或新三板企业，称之为股票；非上市公司称为股份（见图3-20）。

股权激励的股份总量标准（见图3-21）：

上市公司：根据《上市公司股权激励管理办法》中的规定："全部有效的股权激励计划所涉及的股票总数，累计不得超过公司股本总额的10%。在非经股东大会特别决议批准的情况下，任何一名激励对象通过全部有效的股权激励计划获授的股票累计不得超过公司股本总额的1%。所谓的'股本总额'是指股东大会批准最近一次股权激励计划时公司已发行

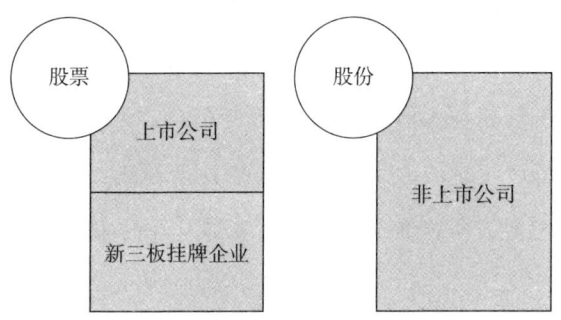

图 3-20 股票与股份的称谓

的股本总额。"

非上市公司：非上市公司在法律上没有明确的数量限制，在具体制定激励方案时，应充分考虑到物质资本发展总趋势在下降甚至产生负利率时的情况。人力资本的价值在不断提升，尤其那些"轻资产"的科技型公司。实施股权激励虽然可以"上不封顶"，但一定要关注股权稀释后公司控制权的问题，不能因激励而丧失掉公司的控制权，同时也应关注原股东与激励对象之间股权分配的公平问题。

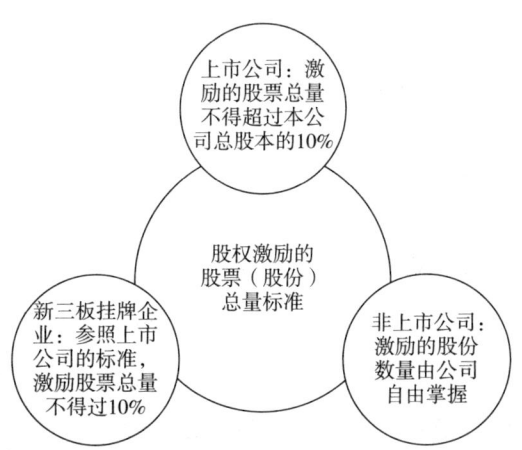

图 3-21 股权激励的股票（股份）总量标准

2017年2月10日，上市公司沃尔核材实施了一项激励计划。根据公司发布的关于股权激励的公告，公司计划拟向激励对象授予权益工具总计2557万份，占本计划公告时公司股本总额62622.9531万股的4.08%（权益工具即公司激励计划的方式，为限制性股票和股票期权）。这一数量并未超过10%的规定，所以其后顺利得到了证监会的审核，并实施了这一激励计划。

◎ 股权激励疑难问答

问：初创企业在实施股权激励时，如何在大比例实施股份激励的同时又不失控制权？

答：这是众多初创企业面临的一个普遍问题。在以激励的方式融资时，可效仿阿里巴巴或京东等。实行同股不同权的方式，即只出让股份的利润，而不出让表决权。这样才能做到创始人让出股份，却依然拥有对公司的控制权。

3.7.2 股权激励的个量

股权激励中的个量，就是指授予公司股票或期权的单一对象的数量。在这方面，上市公司与非上市公司之间，同样存在着一定的差别。

股权激励的股份个量标准（见图3-22）：

上市公司：根据《上市公司股权激励管理办法》中的规定：在非经股东大会特别决议批准的情况下，任何一名激励对象通过全部有效的股权激励计划获授的股票数量累计不得超过公司股本总额的1%。所谓的"股本总额"是指股东大会批准最近一次股权激励计划时公司已发行的股本总额。

第3章 激励要素：抓住九大核心，落实激励计划

非上市公司：法律中没有对非上市公司的激励股份个量作出明确的规定，因此公司可以自行掌握激励的股份数量。但是必须依照《公司法》的规定，与激励对象签订一份股份转让说明，并到工商登记部门登记。

新三板挂牌企业：根据相关规定，新三板挂牌企业在实施股权激励时，关于具体的实施标准，应参考上市公司的标准。这就意味着，新三板挂牌企业实施股权激励时，对单个激励对象的股票激励数量，同样应控制在"股本总额"的1%以内。

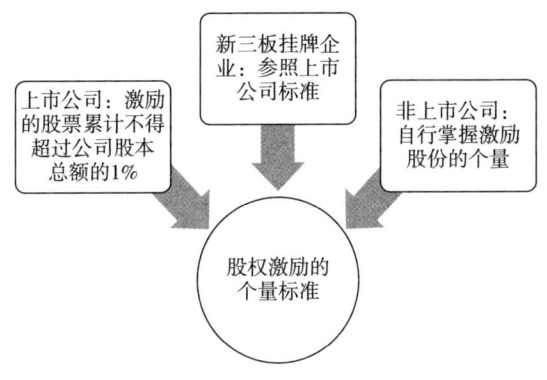

图3-22 股权激励的个量标准

2017年，上市公司安硕信息以定向增发的方式，决定实施一份股票激励计划，具体的激励方式为限制性股票。按照公司制定公布的激励计划草案可得知，在本次激励计划中，公司授予了董事、高管、中层管理人员以及技术骨干共计1370万份股票期权，比如：公司拟授予魏志毅先生、王和忠先生期权分别为10万份、8万份，均未超过公司总股本的1%。公司即实施了激励，又未引发股权流失。

在设定激励对象的股票（股份）激励数量时，应注意以下三点：

（1）严格控制好一次性授予单个激励对象的股票数量。企业授予公司股票或股份的目的是为了达到激励的效果，在授予的单一对象，即个量

上，就不应过多，可以分期授予、分期解锁。

（2）为了控制好企业的控制权不流失，在控制好每次激励时的股份个量的同时，还要注意累积激励过程中单个激励对象的个股总量。个人持股超过一定数量后，应防止其他企业恶意变相收购公司股份，造成控制权流失。

（3）非上市公司，如出现授予股份个量较多的情况，则可以采取技术入股的方式，重新注册合伙企业或公司，做好工商变更，并按照要求缴纳股份转让税。

（4）根据不同的激励对象，采取不同个量的激励。股权激励不是分红，应拒绝"一刀切"的平均主义，根据不同的激励对象，激励的股票个量也应有所差异。

> ◎股权激励疑难问答
>
> 问：是不是授予激励对象的股份个量越多，激励效果越大？
>
> 答：理论上这样的，实际上并不一定，因为还有一个授予价格的问题。即使激励时授予的公司股份较多，但价格过高，也难以形成激励。因为激励对象获得的股份价格高了，行权时并不一定能获利。尤其是上市公司，当股价受市场影响下跌后，会造成激励对象难以行权的问题。所以，在确定授予数量的同时，还要综合考虑授予价格，以达到真正激励的目的。

3.7.3 确定股权激励数量的方法

在设定股权激励中激励对象的个量时，应根据激励对象在公司里所占据的重要性来确定激励的股份个量，至于具体的个量，企业可自行把握，但是必须遵守一定的原则。按规定，上市公司在激励时，一次性授予或是

第3章 激励要素：抓住九大核心，落实激励计划

累积授予单个激励对象的公司股份累计不能超过公司总股本的1%；非上市公司在这方面不受限制，但是公司必须在实施股权激励过程中考虑到另一个问题：公司控制权。因为一旦因激励，个人持股成为了最大股东，会导致公司控制权的流失。这样一来，反而失去了最初的激励目的，控股股东反而落个得不偿失的结果（见图3-23）。

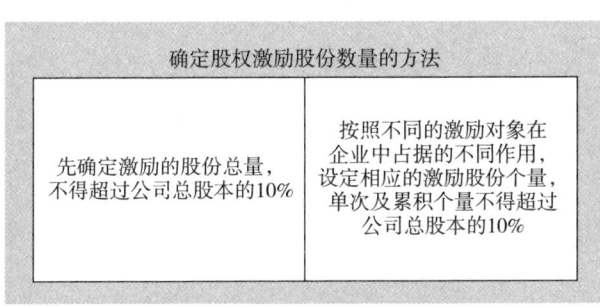

图3-23　确定股权激励股份数量的方法

图3-23中确定股权激励股份数量的方法，是一个方向性的方法，更为适合上市公司或新三板挂牌企业，或是有上市欲望与准备的公司。对于非上市公司，尤其是初创的小企业，关于激励股份的总量与个量，并没有具体的数量和比例限制。这样的企业是既缺钱，又缺人，所以无论是出于挽留还是吸引人才的目的实施股权激励，或是从融资的角度出发去激励，股份的数量及个量可以不受法律限制。但是企业必须要考虑到控制权的问题，不能因激励而丧失掉创始人对公司的控制权。因此，公司在设计激励方案时，虽然可以将股份数量大比例授予对方，但表决权却不能轻易授予。

某计算机软件公司创立不久，考虑到公司资金缺少，加上公司对3名技术人员存在依赖，决定实施一项股权激励。公司准备授予3名技术人员公司5%的股权，另外拿出约15%的股份作为首次融资激励，另留下20%

的股份作为预留股份，用以激励或再融资。这样一来，等于公司打算拿出 50% 的股份来激励，可以说总量与个量均较大，原始股东有 3 人，如果顺利实施激励的话，3 名股东合计共持有公司 50% 的股份。

为了不因过大比例的激励而丧失掉对公司的控制，公司最终实施时，对 3 名技术员工的激励依然按每人 5% 的比例实施，并且是无偿赠予，一旦离开公司，则需要按估值卖给公司。另 15% 作为融资激励，在卖给一家投资机构时，双方协议，对方只享有这些股权的分红权，公司日后上市可转为普通股，但不享受表决权，即不参与公司的经营管理等。

这样一来，公司通过激励，既顺利完成了首轮融资，又挽留住了 3 名核心技术骨干。

◎ 股权激励疑难问答

问：创业公司在首次实施股权激励时，是否都要预留一定比例的股份？

答：是的。但凡有远见的初创公司，在首次激励时都会安排预留一部分股权到股票池，一来用于其后的激励，二来用于企业的再融资。

3.8 确定时间：明晰激励计划中各环节的时间表

股权激励中的时间，不仅仅是授予日与有效期，还包括禁售期和解锁日、行权期等，而每一个时间点都代表着激励对象必须遵守的约束条件和获利激励的条件。因此，企业在制定激励计划时，必须明确各个时间点。

3.8.1 股权激励的有效期

股权激励的有效期，就是自激励对象开始获得股票或期权的日期，到最终结束股票或期权锁定的日期。这一期限，对于实施激励计划的企业来说，必须要有明确的规定，以便被激励对象在得到股权激励后，能够在这一有效期内通过努力工作，最终在结束日期到达前完成激励目标，获取收益（见图3-24）。

股权激励的有效期：

起始时间：起始时间就是授予日，即公司授予激励对象行为发生的日期。这一时间点企业在激励计划中一定要明确，否则员工将无法按照日期安排工作，难以达到预期的目标。

结束时间：结束时间即解锁日，比如起始时间开始后12个月或24个月。即在规定的时间内通过了公司的考核，可以行使自己权利的时候。比如上市公司以限制性股票激励时，规定锁定期为12个月的话，时间到了

图 3-24　股权激励的有效期

后，经公司考核，业绩达到了事先规定的标准，拥有限制性股票的激励对象，即可通过二级市场正常交易这些股票了。对于制定激励计划的企业而言，结束点是保证其后的激励计划顺利实施的关键，也是证明企业诚信的关键。所以，在激励计划中，企业一定要规定好相关的日期，而日期到了时，也应及时通告被激励对象。

上市公司中兴通讯于 2013 年 7 月，在成功完成了第一期股权激励后，再次推出了第二期股权激励计划。根据公司发布的公告得知，本次股权激励计划，中兴通讯一次性向激励对象授予 10320 万股股票期权，期权对应的股票约占中兴通讯股本总额的 3%；股权激励计划的有效期为 5 年，即 2013 年 11 月激励方案修订后经过股东会批准后的 60 天内为授予日开始，至 2018 年满 5 年为止。这 5 年时间，即为中兴通讯第二期股权激励计划的有效期。

由此也可以看出，在计算有效期时，应当从公司真正将股权或期权授予激励对象的时间作为起始时间，结束时间则按照激励计划中的具体规定来确定。

◎股权激励疑难问答

问：如果非上市公司授予的是限制性股票，有效期满后是否一定要卖出股票？

答：不一定。因为非上市公司的股份是无法自由卖出的，有效期满后可回购给公司。只有当公司上市后，这些股票才能转为市场流通的股票，但也必须到了有效期后方可自由卖出。比如一家公司实施的是全员持股计划，限制性股票的有效期为五年，但公司却在第四年上市。此时，即使是全员持股计划中的股份全部转为了流通的普通股，但处于锁定状态，只有在满五年后，方可自由在市场上交易。

3.8.2　股权激励计划的各个时间表

一份详细的激励计划，必须安排好相关的时间，这其中不只是授予日与解锁日期以及由起始点到结束点的有效期，还包括许多关键的时间，比如：等待期、行权期和禁售期等，都是需要在制定激励计划时确认的。

那么，激励计划中，有哪些时间点是需要注意的呢？激励计划的各个时间表见图3-25。

（1）授予日：授予行为发生的日期。

（2）等待期：激励对象获授股权后，并不能立即行权，需要等待一段时间，直至锁定期结束后到了可以行权的时间，才能够按照事先的约定，一次性或逐步获得行权的权利。这之间的日期，即等待期。

（3）可行权日：获授人员可以行权的日期，这个日期必须为交易日。即等待期满的次日起到股权有效期满之日止的这一时间，就是行权期，这

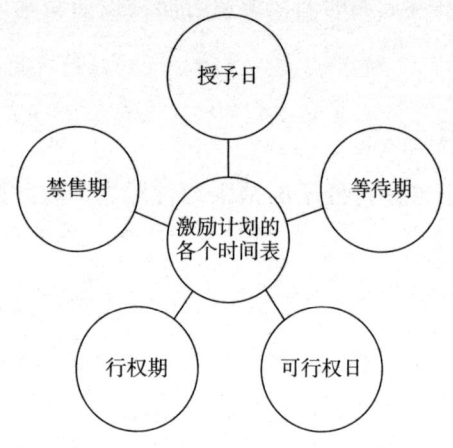

图 3-25 激励计划的各个时间表

期间的每一个交易日都可以为可行权日。激励对象行权后,即可获得收益。

(4)行权期:等待期结束后,行权日开始日至行权期结束之日的这一段时间。

(5)禁售期:股权获授人行权后,即可获得公司的股票或股权,然后通过二级市场或公司回购等方式来兑现,以获取收益。然而,为了防止激励对象特别是高管人员利用公司内幕消息牟取不正当利益,损害大股东的利益,公司会按照国家相关法律法规的规定,设立一个时间段,在此期间,激励对象所持有的股票或股份的流通会受到一定时间的限制,直到期满后方能自由地在二级市场上交易或由公司折合为等价的现金来兑现。这个时间段,就是禁售期。

掌趣科技在 2014 年初实施了一项股票激励计划,公司明确授权日为 2014 年 3 月 24 日,行权时间安排如下:激励对象被授予的股票期权自授予日起 5 年内有效,即 2014 年 3 月 24 日至 2019 年 3 月 23 日期间。有效期届满,已授出但尚未行权的股票期权作废,由公司予以注销。到了2016年5月23日时,公司又发布了《关于股权激励计划股票期权第二个行权期可行权的公告》,公告指出激励对象在第二个行权期可自主行权共6904600份股票期权,行权期为2016年6月8日至2017年3月23日。也就是在此期间的任何一个交易日,激励对象都可以行权。禁售期就是2014年3月24日授予日至2016年6月7日这一段时间。

在掌趣科技的这一激励计划中,各个时间表均通过公司的公告予以了明确。对于激励对象而言,只需时刻关注公司发布的公告即可。而作为各个时间表的制定者,公司也会及时将关键时间点通知到内部员工,激励对象只需按时间表安排具体的事项即可。

◎股权激励疑难问答

问:对于激励对象而言,如果错过了行权期限,是否还能行权?

答:不可以。在激励计划过程中公司均会对各个时间表进行通知,尤其是行权时间,上市公司不仅会在指定平台披露结果,也会通知到激励对象。除非是在行权期间,激励对象因生病等原因请假,未能通知到,这种情况应及时向企业说明情况,否则将视为自动放弃。

3.9 确定来源：股票（股份）和资金的来源要合法

企业在制定激励计划时，一定要在激励方案中说明用来激励的股票（股份）是如何产生的，同时激励对象用来购买股权的资金也应是合法所得，否则即使购买了相应的激励股权，也会视为无效。

3.9.1 公司激励的股票（股份）来源

股票（股份）来源，是指企业用来实施股权激励的股票（股份）来自哪里。对于非上市公司来说，股份来源相对简单，只要是实施激励前，公司股东同意让出一部分股份即可。而对于上市公司来说，相对略显得复杂些，除了要经过股东大会审批外，还要经过中国证监会审核，这些都是法律上规定的。此外，上市公司要及时在指定的信息平台上予以及时披露，对股票来源予以具体说明（见图3-26）。

上市公司激励时股票来源的途径与方法（见图3-27）：

（1）大股东出让。应在大股东同意的情况下，自愿无偿或有偿拿出一定数量的公司股票，专门用以激励计划的实施。

（2）发行股票。即上市公司定向增发股票。

（3）回购公司股票。即公司使用用于激励的公司利润，或是通过融资募集手段获得资金，从二级市场上直接购买公司的股票。

第3章 激励要素：抓住九大核心，落实激励计划

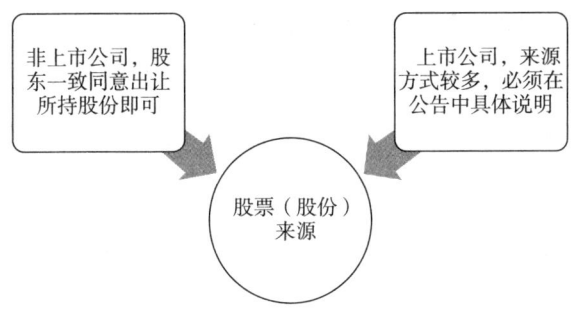

图3-26 股票（股份）来源

（4）符合法律法规的其他方式。只要是符合现行的法律法规，公司还可以采取其他的方式获得公司股票。

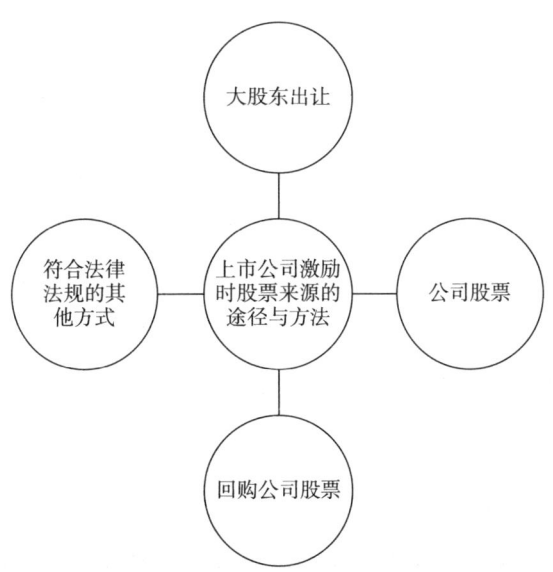

图3-27 上市公司激励时股票来源的途径与方法

奥佳华是一家上市公司，在2017年6月实施第二期股权激励计划时，采取了两种形式：一部分激励对象实施股票期权激励，另一部分激励对象采取限制性股票激励。根据公司激励计划确定后发布的公告得知，本次激励计划的股票来源为公司向激励对象定向发行公司的A股普通股，属于发行股票。

非上市公司激励时股份来源的途径与方法：

非上市公司，如果公司以股份作为激励，或是以期权的形式激励，其股份来源均为股东的出让，而这种出让的形式，既可以是股东有偿的转让，也可以是无偿的赠予（见图3-28）。

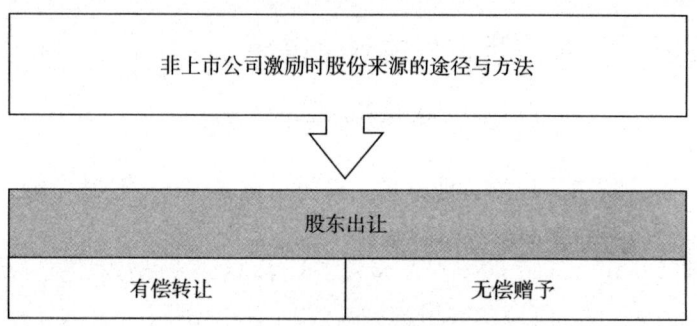

图3-28 非上市公司激励时股份来源的途径与方法

江苏某科技公司以计算机软件开发与应用为主，为了留住公司技术骨干，公司决定对5名技术骨干实施股权激励，以1元的价格授予每人200股公司股份，即5名激励对象共授予1000股的股份，而这些股份来源为公司3位股东协商后共同决定，由3位股东按各自持股的情况按比例出让。激励方案确定后，公司即开始实施了这份激励计划。

◎股权激励疑难问答

问：如果是非上市公司，股份来源可以是新股股份加入吗？

答：可以，尤其是合伙企业。当新的合伙人加入时，企业只要所有股东都同意以新入伙人的加入而多出来的资金所占的公司股份数量，作为对公司核心人员的激励时，即可以此部分公司股份进行激励。但是有一点必须明确，虽然这种方式看起来是由于新的合伙人加入所获得的股份，但实质上仍然不能算作是这一新合伙人施予的单独激励，而是应按照新入伙人所出的资金折合成相应股份，分给新合伙人，然后再根据这一股份数量，由所有合伙人按照各自相应的比例出让激励所需要的股份。

3.9.2 购买股票期权的资金来源

资金来源，是指公司在实施股票或股份激励计划时，用来购买公司股票或股份的资金。由于非上市公司在股份激励时，是由股东直接让出股份的方式，所以不存在这个问题。只有上市公司在实施股票激励时，因为存在回购股票时用到资金的情况，所以企业在激励计划中应予以说明。但是，这里仍然有一个问题需要强化一下，就是公司实施股权激励时，需要明确自身用以购买期权或股票的资金来源，而不是激励对象获得激励股票或期权的资金。这是两个不同的概念，在实施过程中应明确划分出来（见图3-29）。

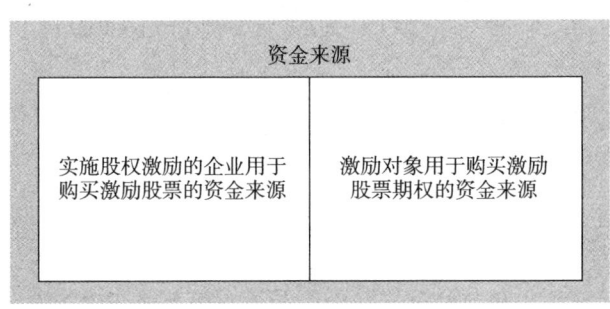

图3-29 资金来源

资金来源方式（见图3-30）：

（1）激励对象直接出资。这种方式是公司以有偿的方式将公司的股票或期权，以一定的优惠价格卖给激励对象，因此需要激励对象直接以自有资金购买。

（2）激励对象的薪酬。激励对象的薪酬，包括工资和奖金等。比如在年薪加奖金的薪酬制度下，员工可以用自身的工资或奖金所得的资金购买公司激励的股票或期权。

（3）分红抵扣。这种方式有两种形式：一是公司在购买二级市场或股东持有的股票或期权时，用企业预留的分红资金来购买；二是激励对象用自己之前因持有公司的股票或期权所获利的分红资金，来购买再次激励时的股票或期权。

（4）企业资助。这种情况出现得较少，是指激励对象或公司运用企业资助的资金来购买公司的激励股票或期权。

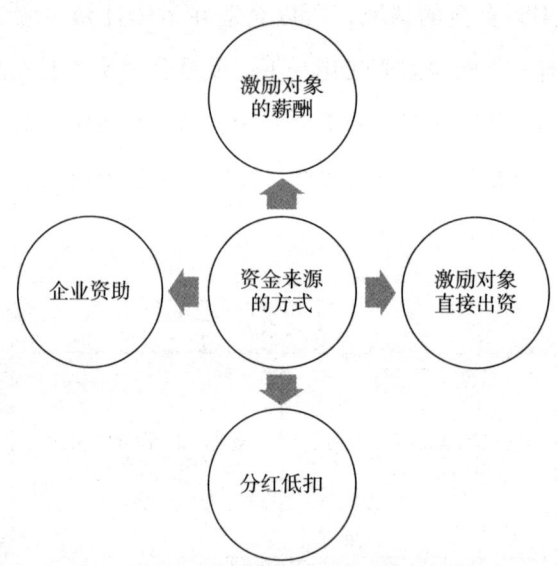

图 3-30　资金来源的方式

2017 年初，上市公司思源电气股份有限公司实施了一份限制性股票激励计划，公司针对在公司（含分公司及控股子公司）任职的公司董事、高级管理人员、核心管理人员、核心技术（业务）人员共计 684 名激励对象授予了 1825.70 万股的限制性股票，授予价格为每股 8.54 元。公司还特意

第3章 激励要素：抓住九大核心，落实激励计划

承诺：不为激励对象依本激励计划获取有关限制性股票、提供贷款以及其他任何形式的财务资助，包括为其贷款提供担保。

这些股票公司并非从二级市场上回购，而是以向激励对象定向增发的方式授予。所以，公司不存在激励资金来源不明的问题，而激励对象用于购买限制性股票的资金，均为激励对象的自有资金。因此，在此次激励计划中，资金来源都十分明晰。

企业在实施股权激励时，尤其是上市公司，还要注意以下事项：

中国证监会在相关股权激励规定中曾明文规定：上市公司不得为激励对象提供融资和融资担保。所以，作为上市公司应严格要求自身，不得向激励对象提供用于购买股权激励中股票和期权的资金担保与融资。

> ◎股权激励疑难问答
>
> **问**：非上市公司在股份激励时，激励对象是否能以分红资金购买激励股份？
>
> **答**：可以。但是需要注意一点，就是激励对象获得的企业分红，并不一定能够完全支付激励股份，所以分红也只能是部分支付，不足部分依然需要用现金补足。但如果激励对象资金不足时，是可以用工资先行垫付的，企业可以在日后发放工资时再逐期按比例扣除，直到扣完为止。

第4章

激励考核：
没有考核，就无法检验激励的效果

激励考核在整个激励计划中至关重要。激励计划设计得再完美，如果没有完善的考核体系，激励也只是"镜中花、水中月"。

4.1 业绩考核

业绩考核,最为关键的就是业绩量的考核,但是不同的激励方式,以及激励对象不同的工作性质,往往又决定了在业绩考核中需要采取不同的具体方法。

4.1.1 时间考核法

时间考核法,就是以时间为考核要点,来制定相应的考核。时间考核法又可分为:定期考核与不定期考核(见图4-1)。

(1)定期考核。定期考核,是指企业在考核的时间上以一个月、一个季度、半年、一年来划分,进行分段考核。具体的考核时间,企业可根据自身的特点和需求来决定。

(2)不定期考核。不定期考核包含两方面的内容:一方面是企业对员工的提升进行不定期考评;另一方面是主管对部门下属的日常行为表现进行纪录,为定期考核提供一定的依据和保障。

宏远公司是一家水产品深加工企业,在2016年12月时实施了一项股权激励计划,由于公司员工流动较大,公司决定采取按季度考核的方式,以便能够及时按照个人绩效给予奖励。实施半年后,公司员工的流动性得

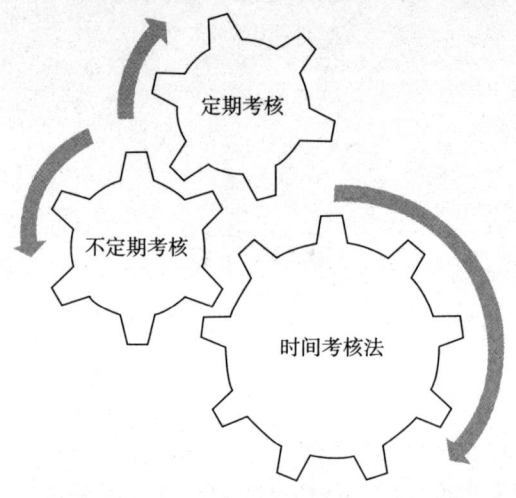

图 4-1　时间考核法

到了缓解。

宏远公司的这种激励，就是根据企业现状采取的一种时间考核法。

◎ 股权激励疑难问答

问：时间考核法中的时间应按照什么来确定？

答：确定时间，应结合企业的具体状况来具体确定。比如：公司实施的是短期激励时，考核时间应相应缩短；若是以长期激励为主时，应拉长激励期间的考核时间，并以分批考核、逐渐激励的方式实施。

4.1.2　内容考核法

内容考核法，是指在考核时根据具体的工作内容进行考核。比如，考核一位清洁工的业绩，就要考核其是否能按时打卡上下班，以及每天工作区域的卫生状况等。这就是内容考核法（见图 4-2）。

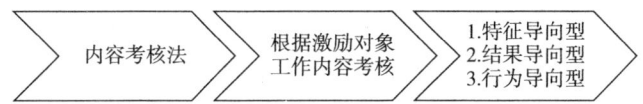

图4-2 内容考核法

（1）特征导向型。公司考核的重点是员工的个人特质，比如合作性、诚实度、沟通能力等，主要考量员工是如何对待工作的。

（2）结果导向型。公司考核的重点是工作内容和质量，比如产品的产量和质量、效率等，考核的重点是员工完成工作的结果。

（3）行为导向型。公司考核的重点是员工的工作行为和方式，比如工作的态度、方法等，考核的内容偏重于员工在工作过程中的状态。

深圳某电子厂在2016年12月实施了一份股权激励计划，在这一计划中，公司设定了具体的考核方法，即至2017年底，将根据每位激励对象的产品数量及合格率来确定结果，前提是公司业绩必须不低于20%的增长。这一考核方法，即属于内容考核法中的结果导向型。

◎股权激励疑难问答

问：科技公司在激励考核时，如何考核内容？

答：科技公司由于其工作性质为技术研发，因此，在内容考核上很难实现量化。如果采用内容考核法时，应偏重于特征导向型或行为导向型的方法，即从激励对象的工作态度、效率，以及合作性、沟通能力、诚实度等方面来综合考核。

4.1.3 主观和客观考核法

主观和客观考核法，是一种综合的考核方法，是在激励对象工作量化的基础上进行产品考核,而后对激励对象的具体工作表现做出一个主观的评定。最后,再综合客观考核的结果与主观考核的结果进行最终评定(见图4-3)。

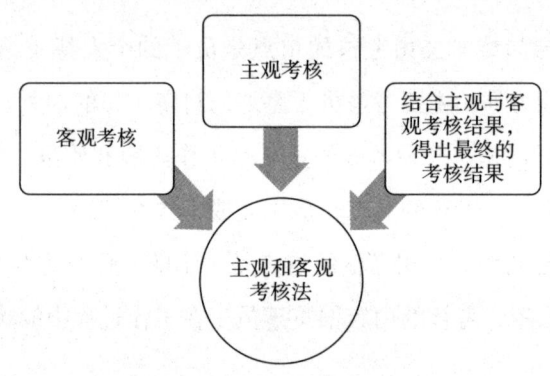

图4-3 主观和客观考核法

主观和客观考核法的实施步骤:

(1)主观考核方法。主观考核方法,是指公司根据一定的标准设计出具体的考核体系,对员工进行主观上的评价,比如工作结果和行为的评定。

(2)客观考核方法。客观考核方法,是指公司对能够直接量化的指标进行考核,比如。公司生产的产品的具体数量等指标。

(3)综合主观和客观考核的结果,做出最终的考核评定结果。

◎ **股权激励疑难问答**

问:主观和客观考核时的关键是什么?

答:关键在于对激励对象进行综合评定时,考核人员一定要从公平公正的角度出发,以客观的心态来对待考核的结果,然后做出客观的分析与评定,而不能人为地带有某种倾向性,从而导致在最终评定时出现误差。

4.2 绩效考核

不是企业业绩提升了，个人就一定会通过考核，绩效同样是一种科学的考核。尤其是针对每一个激励对象，绩效考核的成绩才是至关重要的。

4.2.1 个人绩效与企业绩效

在绩效考核中，企业不能只注重企业绩效，即企业的业绩，还要综合个人绩效的结果做出最终的决定。这是因为，企业绩效是企业的业绩，而个人绩效才能更准确地反映出每一个激励对象所具体付出的劳动和取得的成绩。因此，企业绩效就像是总成绩，个人绩效才是每一名激励对象各自的业绩（见图4-4）。

图4-4 绩效考核

重庆某小吃连锁企业，为了提升业绩，留住人才，在2015年11月实施了一份股权计划。在这次股权激励中，公司主要针对中高层管理人员实施期股激励，授予了10名连锁店店长及总公司两名高管共计2.3万份期股,考核要求以2015年的业绩为基数,分3年授予,即2016年业绩必须较2015年增长幅度不小于30%,同时,各连锁店店长个人绩效达标后方可获得30%的权益;2017年底较2015年公司增长不低于40%,个人绩效达标后可获得30%的权益;2018年底时业绩收入不低于50%,个人绩效达标后可获得最后40%的权益。

重庆这家连锁餐饮公司在股权激励的考核中所采取的,正是企业绩效+个人绩效的考核方式。这也使得企业在2016年的业绩增长了35%,各连锁店长也获得了相应的收益。

> ◎股权激励疑难问答
>
> **问**:如果企业绩效达标后,个人绩效未达标时,怎么办?
>
> **答**:这个问题很简单,造成这样的结果只能说明一个问题:个人绩效未达标。对于激励对象而言,是无法获得激励的。但是,作为实施激励计划的企业,必须在激励协议中注明。因为有的企业在实施激励时,只是以企业绩效(业绩)来考核的。

4.2.2 绩效考核要抓住关键性指标

企业在对激励对象进行绩效考核时,一定要抓住一些关键性的指标,这些指标才能够真正体现出在激励机制下激励对象的努力程度。至于关键性指标的选择问题,往往考核方法的不同,决定了指标的不同。但有一点却是相同的,就是这一指标必须能够准确地反映出激励对象的工作成绩(见图4-5)。

上海某投资公司在2016年12月时实施了一份激励计划,授予了公司

第4章 激励考核：没有考核，就无法检验激励的效果

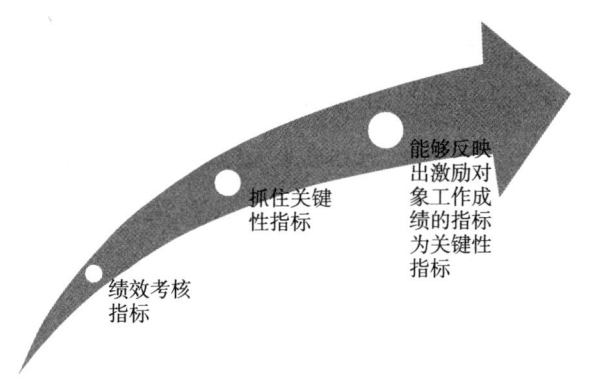

图4-5 绩效考核指标

5名技术核心人员共计2.2%的公司股份，目的是留住核心技术人员，提升业绩。因此，在设计考核条件时，公司采取了以财务指标中的每股净资产的增长作为考核指标。因为只有每股净资产增长了，公司业绩才会提升，技术人员的业绩自然也就提升了。

这种方法，原本是大多数企业对高管的考核方法，但由于公司为投资公司，各技术人员只有管理好了自己的投资标的，投资获得了收益，公司的每股净资产才会提升。因此，这家企业选取这种方法作为考核的指标。

◎ 股权激励疑难问答

问：如何确定绩效考核时的关键性指标？

答： 这要根据不同的激励对象而定。比如：针对高管的考核，关键性指标为公司每股净资产值的提升；针对普通员工，可以由工作中可量化的指标来定，如果无法量化时，可综合其他指标，如工作态度、办事效率、工作状态等来评定；对于技术人员，若短期无法从技术向产品的转换来考核的话，可从技术推进的程度及工作人员的投入度等方面全面考核。

4.2.3 绩效考核不能忽视创新

在绩效考核中，企业不应只盯准个人绩效，而应更看重激励对象的创新能力，尤其是其在工作过程中使用的技术上的创新，一经发现，就应额外进行激励。这是因为，如今的产品，更多的是在卖技术。而创新后的技术，不仅能够提升产品的质量，增强产品的市场竞争力，同时还会提升产品的产量。因此，技术上的创新，必然会为企业带来更大的效益。所以，企业在绩效考核时，不能忽视激励对象的每一次创新，哪怕仅仅是很小的创新（见图4-6）。

图4-6 绩效考核不能忽视创新

某通信设备企业2015年实施了一份激励计划，到2016年对激励对象进行考核时，发现一名员工的绩效考核刚刚达到了标准，但在考勤等方面，部门主管的评定却是一般。这样一来，最终评定时，既可以将其定为通过考核，同时也可以将其定为未通过。后来，考核人员对这名员工进行了调查，发现其工作热情较高，之所以在考勤方面一般，是因为其将注意力放在研究生产过程中的生产加工技术，最后实现了一个小小的技术突破，使得生产出来的部件质量提升了不少，同时也加大了产能。考核人员找来相关技术人员，对其技术突破进行了鉴定，果然产品质量和产能均得到了提升。因此，考核人员将这名员工的创新之举汇报到了企业，最后，企业对这名员工给予了10万元的创新奖励。

因此，企业在绩效考核时，应及时发现员工的创新之举。

◎股权激励疑难问答

问：如果在绩效考核时，员工个人绩效不达标，但出现了技术创新时，应怎么办？

答：这并不是一个矛盾的问题。如果个人绩效不合格，不能对其兑现之前的激励，但是因其在技术上做出了创新，可根据其创新的程度，单独对其进行奖励。因此，企业在制定激励计划时，可专门为员工创新设立一个单独的激励方式，这样在考核时既不会出现忽视，还可以专门以创新激励的方式进行考核。

4.3 激励考核的方法

考核并不是只看业绩,还有着多种科学的方法,只有明白具体的考核方法,才能更好地进行激励考核。

4.3.1 目标考核法

目标考核法,是企业在考核时,以一定的指标或评价标准来衡量员工完成既定目标和执行工作标准的情况,然后根据衡量的结果给予相应的奖励。这种方法,主要是基于目标管理的制度下,对员工进行考核的一种方法。因为考核的标准是"既定目标",所以更为直接和直观,经常为企业采用(见图4-7)。

北京某软件公司,主要以研发、生产和销售财务软件为主。2016年,公司实施一项激励计划,对研发人员、生产人员、销售人员实施了一份激励计划,分别授予了不同数量的公司股份。考核的标准是对于研究人员,以技术推进行的程度来考核;对于生产人员以产品量化的标准来考核;对于销售人员则以目标销量为条件。

这其中对销售人员的考核方式,即是一种目标考核法,也就是当员工

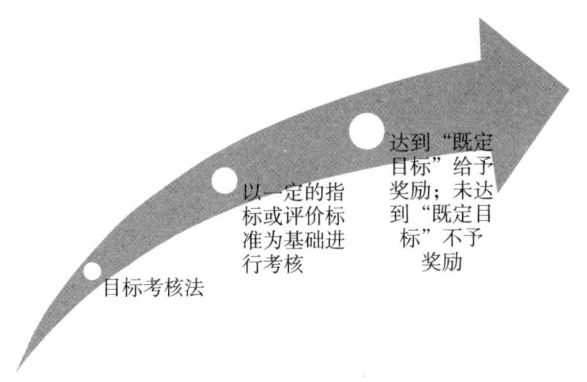

图 4-7 目标考核法

达到激励计划中的预定目标后即通过考核，可获得激励的兑现。超过"既定目标"，依然有相应的奖励。因此，这种目标考核法变得更为直观，起到了预定的激励效果。

◎ 股权激励疑难问答

问： 无法量化标准的激励对象，如何设立"既定目标"？

答： 这就要根据激励对象的工作内容来区分对象。比如，普通办事员，只要能够达到办事的效率，使公司业绩达到了既定目标，因此按时按需完成分内工作就可成为其考核的"既定目标"；技术人员的技术无法量化，"既定目标"就可以根据其工作的热情，以及技术出现的突破作为"既定目标"；高管人员，"既定目标"可以以公司业绩的提升率来作为标准，中层管理干部可以以部门绩效作为其"既定目标"。

4.3.2 行为锚定等级考核法

行为锚定等级考核法，就是将同一职务工作可能发生的各种典型行为进行评分度量，从而建立一个锚定评分表，并以此为考核评定的依据，对员工工作中的实际行为进行测评分级的考核办法。

行为锚定等级考核法实质上是把关键事件考核法和评级量表考核法结合到一起进行的一种综合考核方法，因此更具科学性（见图4-8）。

图4-8 行为锚定等级考核法

某跨国上市公司在2016年实施了一份激励计划，在制定考核标准时，公司采取了锚定等级考核的方法，先是制定了一个关键事件的考核方法，而后又制定了一个评级量表，把所有员工的绩效分成若干个项目，比如业务能力、同部门间的协调能力等。针对其中的各个项目进行评定，高分者放在第一位，低分者排在末位。最后，考核的结果从量表上一看便会得知，结果一目了然。

因此，行为锚定等级考核法是一种更为直观的考核方法，管理者能够对员工的各项能力做到了然于胸。

◎ 股权激励疑难问答

问：行为锚定等级考核法具体实施的步骤是什么？

答：首先，获取关键事件，由主管对员工一些代表优良绩效的关键事件进行描述；其次，建立绩效评价等级，由这些人将关键事件合并成为数不多的几个绩效要素，一般是5~10个，对绩效要素的内容进行界定；再次，把员工的绩效分成若干项目，由另外一组同样对工作了解的人，对原始的关键事件进行重排，确定这一关键事件的最后位置；然后，对关键事件进行评定，第二组人会被要求对关键事件里所描述的行为进行评定，一般会使用7点或9点等级尺度进行评定，以判

第4章 激励考核：没有考核，就无法检验激励的效果

断这些内容是否能够有效地代表某一工作业绩要素所要求的绩效水平；最后，确立最终的工作绩效评价体系，对每一个工作绩效要素而言，都会有6~7个关键事件进行"行为锚定"，这样，最终的结果就会直接显现出来，按照排名先后出现在考核结果上。

4.3.3 叙述考核法

叙述考核法，就是企业在进行考核时，以文字叙述的方式来说明事实，包括考核对象在以往工作中所取得的明显成果，以及工作上存在的不足和缺陷等。所以，相对于其他考核方法来说，叙述考核法更偏重于主管人员对员工的综合评定，这也使考核对象的优缺点和过往的成绩一目了然（见图4-9）。

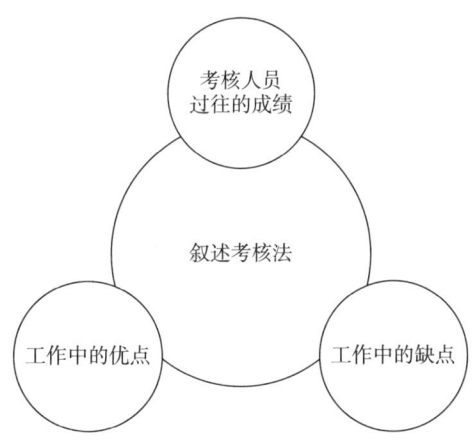

图4-9 叙述考核法

由此可见，叙述考核法最大的特点，就是其本身是由主管人员对激励对象的一种文字性的总结。

上海某文化公司在2017年3月实施了一份股权激励计划，授予公司高管与核心技术员工一定比例的公司股份，对普通员工实施业绩股票的激

励。在制定考核方法时，公司对普通员工设定为叙述考核法，即由员工所在部门的主管，对员工在工作中的优点与缺点进行一一描述，并列出员工过去所取得的一些成绩。这是因为普通员工的工作难以量化，所以无法形成一个具体的标准，因此公司才采取了这种叙述考核的方法。

> ◎ 股权激励疑难问答
>
> 问：叙述考核法的缺点是什么？
>
> **答**：因在叙述考核法中，考核人员为部门主管，所以很容易出现因主管个人思想上的偏见引发的评定不够客观，因此，这就要求考核的主管人员必须摒弃个人的主观偏见，尽量以客观的心态对考核对象做出中肯的评定。

4.3.4 关键事件考核法

关键事件考核法，就是在特定的时间内，通常是半年或一年内，由上级主管者将考核对象在平时工作中的一些关键事件一一记录下来，然后在考核的时候，由主管人员与被考核人员一起讨论，最后得出考核结果。

所谓的关键事件包括做得特别好的事件和做得不好的事件（见图4-10）。

某食品加工企业在2016年2月实施了一个股权激励计划，其中，企业对普通员工采用了关键事件考核法。到了2017年2月，各组长将平时记录下来的一年内的各员工发生的最好的事和不好的事拿出来，主管在考核时，就这些关键事件与当事员工一起讨论，最后划分出优秀、普通、一般三个级别，然后根据这一考核结果对相关员工分别进行奖励和处罚。

第4章 激励考核：没有考核，就无法检验激励的效果

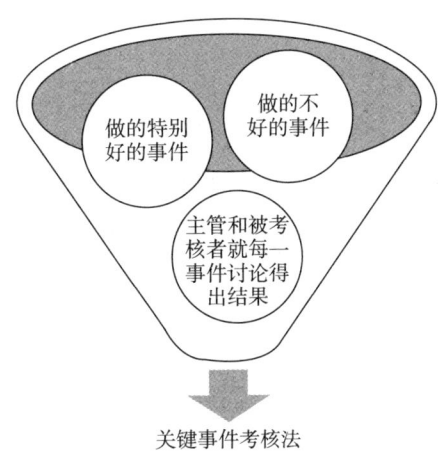

图4-10 关键事件考核法

由此可以看出，关键事件考核的关键，在于列出了处于极端的两种事件。最后经过主管与当事员工的讨论后得出的结果，往往也不具有争议性，因此比较公正。

◎股权激励疑难问答

问：关键事件考核法中如何对关键事件进行描述？

答： 在关键事件考核法中，记录每一个关键事件时，必须明确以下几个内容：

（1）导致这一事件发生的原因和背景。

（2）关键事件必须是员工在其余中发生的特别有效或多余的行为。

（3）员工出现关键事件的后果。

（4）员工自己能否支配或控制出现这一事件的后果。

记录员在收集到员工这些关键事件后，可以对其进行分类和总结，然后当考核时间到了时再交给上级主管人员。

4.3.5 配对比较考核法

配对比较考核法，又称为相互比较法，是将所有要进行评价的员工列在一起，进行两两比较，价值较高者可得 1 分，最后将所得分数相加，其中分数最高者就是等级最高者，然后再按照分数的高低顺序进行排列。由于在实际考核中，考核对象的职务往往不同，所以在具体实施时，应当根据考核人员的情况，安排职务相当的人员进行两两配对（见图 4-11）。

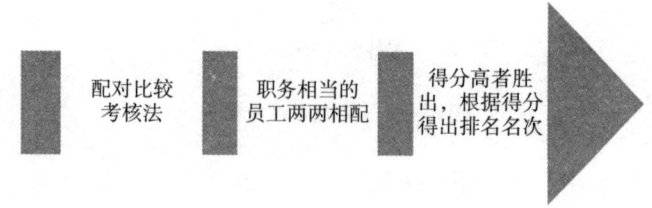

图 4-11　配对比较法

广东某制衣厂在 2016 年实施了一份激励计划，其实施的激励为奖励激励，即按照全厂员工总数，对其中的 1/3 左右的员工进行激励，并制定了一种考核方法，即淘汰制，前提是总得分不得低于 10 分，即两两配对考核法。

激励考核时，所有一线员工采取抽签的方法，选择一位员工配对，然后就某些指标进行对比，最后得出各自相应的分数。当所有员工对比完后，考核人员以 10 分为界，去掉不合格者，最后选定了 263 名通过考核的员工，根据得分多少进行资金激励，1 分等于 1000 元。

由此也可看出，在配对考核中，企业一定要预先设定一个标准线，即得分多少方为合格，否则就会出现胜出者反而未达标的现象。

第4章 激励考核：没有考核，就无法检验激励的效果

◎股权激励疑难问答

问：配对考核法中，如果配对的激励对象职务有一些差别时，怎么办？

答：这种情况在使用配对考核法时会经常出现，比如企业小组长、班长与普通员工的配对。出现这种情况时，关键在于配对比较中比较的指标，比如，工作态度或失误率等，根据各自相对应职务的标准来衡量，从而得出最终的结果。

4.3.6 交替排序考核法

交替排序法，就是从激励对象中选出最好的和最差的绩效表现者，然后依次选出绩效第二好的和第二差的，再挑选出第三好的和第三差的，最终挑选完毕后进行排列，制成表。这样一来，工作绩效的好坏情况就一目了然了。因此，交替排序考核法是一种较为常用的考核法，因为它可以更为直观地看出应当受到奖励和处罚的对象（见图4-12）。

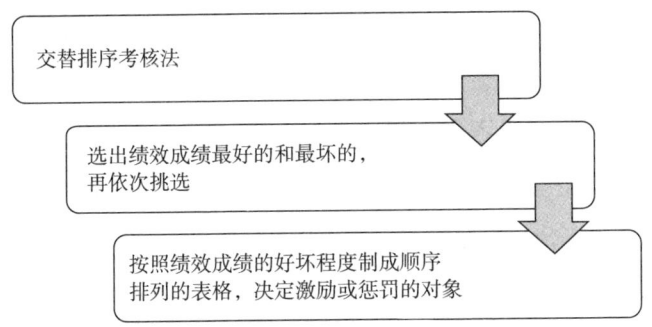

图4-12 交替排序考核法

河北某服装加工厂在2015年时实施了一个激励计划，到2016年考核时，即采用了交替排序考核的方法，对一线普通员工进行了考核。考核人

员将所有一线员工的绩效分次排名,并以达标为准,去掉绩效不合格者,对其予以适当批评和鼓励,对于达标人员进行奖励。

由此可看出,交替排序考核法在使用时更为简便明了,所有员工的绩效结果都一目了然。

> ◎股权激励疑难问答
> 问:交替排序考核法更适合哪类企业或激励对象?
> 答:由于这种考核方法最大的特点是排序,所以更适合考核人员较多的企业,即制造类企业或加工生产企业的一线员工,或是工作性质相同、部门人员较多的部门。因为如果考核的同行人员过少,则失去了比较的必要。

4.3.7　图尺度考核法

图尺度考核法,又叫图解式考评法,是一种最简单和运用最普遍的工作绩效考核方法。这种考核法,会列举出一些企业所期望的绩效构成要素,比如质量、数量,或是个人特征等。还可以列举出跨越范围很宽的工作绩效登记,如从"不满意"到"十分优异"。

在运用图尺度考核法进行工作绩效评价时,首先针对每一位下属员工从每一项评价要素中找出最能符合其绩效状况的分数,然后将每一位员工所得到的所有分值进行汇总,得到最终的工作绩效结果。当然,很多企业并不仅仅停留在一般性的工作绩效因素上,他们还将这些作为评价标准的工作职责进行进一步的分解,形成更为详细和有针对性的工作绩效评价表。

某企业在对采购部经理的绩效进行考核时,就可以列出一个详细的表格,然后在工作中再逐一填写具体的结果(见表4-1)。

表4-1 某企业采购部经理关键业绩绩效

序号	指标分类	关键成功因素或关键业绩领域	指标名称	指标定义/公式	定量/定性	考核频率	基本目标 N1	理想目标 N2	挑战目标 N3	计算方法 实际完成业绩为 N4	数据来源
1	财务效益	降低成本费用、提高利润率	采购费用预算节约率	实际采购费用/预算数×100%	量化	年	98%	95%	90%	100+（N4-N2）/（N3-N2）×30	费用明细科目
2		坚持比质比价降低采购成本	采购比价率	实际采购金额/预算金额×100%	量化	月	95%	90%	85%	100+（N4-N2）/（N3-N2）×30	比价采购表
3	客户管理	提高客户满意度	妥善做好客户接洽、业务结算工作	客户投诉次数	量化	月	2%	1%	0%	100+（N4-N2）/（N3-N2）×30	采购部检查，客户投诉
4		加强供应商管理	供应商名录及时更新率	当期供应商资料信息/上期供应商资料信息×100%	量化	年	98%	95%	90%	100+（N4-N2）/（N3-N2）×30	供应商档案记录
5	运营管理	加强市场信息收集	信息及时组织收集	每周六经营例会汇报材料	定性	月				无资料一次扣10元	直接上级
6		按计划完成采购任务	采购计划完成率	采购计划完成数量/采购计划数量×100%	量化	月	90%	95%	100%	100+（N4-N2）/（N3-N2）×30	采购部采购计划表
7		采购程序规范化	业务规程执行违反次数	业务规程执行违反次数	量化	月				违反一次扣10元	比价采购表
8	学习与成长	提高工作率	工作计划完成率	实际工作完成项数/计划工作项数×100%	量化	月	90%	95%	99%	100+（N4-N2）/（N3-N2）×30	人力资源部
9		提高内部服务意识	对内部服务要求在标准时间内的反馈率	内部要求反馈数/内部要求总数×100%	量化	月	90%	95%	100%	100+（N4-N2）/（N3-N2）×30	督办记录

另外,图尺度考核法还有很多种变形,比如通过对指标项的细化,用来进一步测评具体考核人员的表现。指标的维度来源于被考核对象所在职位的职位说明书,从中选取与该职位最为密切相关的关键职能领域,然后再进行总结,分析出关键绩效指标,然后为各指标项标明重要程度,也就是权重。

同时,还可用以下方式进行评定(见表4-2)。

表4-2 综合工作能力测评

一、工作量				
不符合标准	勉强	满意	很勤奋	优异
二、可靠程度				
须严格监督	有时须督促	合理监督下方能完成工作	不大需要监督	自发主动完成
三、工作知识				
知识缺乏	某些方面知识缺乏	能回答大部分	了解各方面工作的问题	对工作各方面都熟悉
出勤状态				

图尺度考核法的主要优点:

(1)使用起来比较简单方便。

(2)能为每一名员工提供一种定量化的绩效评价结果。

(3)可以综合考核对象各方面的能力进行评定。

图尺度考核法的主要缺点:

(1)不能有效指导行为,而只能给出考核人员的考评结果,无法提供具体解决问题的方法。

（2）这种考核方法的准确性不高。由于评定量表上的分数没有给出明确的评分标准，所以很可能影响到结果的准确性，主观色彩较为浓重。

◎股权激励疑难问答

问：图尺度考核更适用于哪类企业？

答：相对而言，图尺度考核法更适合生产制造加工类企业，因为这类企业人员较多，运用这种方法考核较为节省时间，又一目了然。而对于轻资产类的互联网科技公司，因以技术研发为主，所以运用这种方法考核时，多数只是从工作能力、态度、结果上进行评定。

4.3.8 强制分布考核法

强制分布法，就是在考核前先设定一个划分的比例。比如每个部门要规定多少比例的人评估为优秀，多少比例的人评估为良好，多少比例的人评估为不合格。有这一划分标准，就可根据各部门人员的绩效分数列出一个分布的状况（见图4-13）。

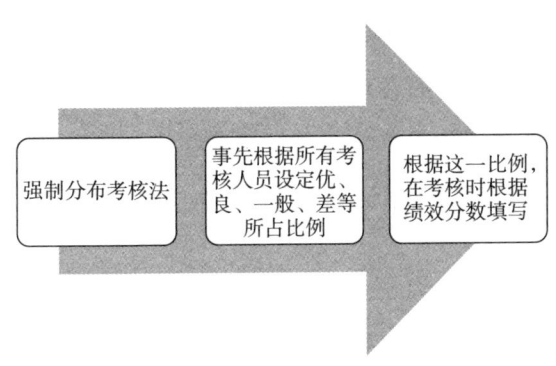

图4-13 强制分布考核法

上海某针织厂于2016年在企业内实施了一份全员持股计划，授予了企业所有员工不同比例的公司股份，规定考核将在今后每年底进行，只有连续两年通过考核的员工方可真正拥有公司股份；不达标者在其后的考核能够连续两年达到标准后同样可以获得激励。同时，对一线员工采用强制分布考核法进行考核，制定出了优秀、优良、一般、差等四个等级，只有晋升到优良的等级后方算通过。

企业之所以采取这种考核方法，目的就是打算在 5 年内使企业的生产加工水平上升到一个全新的水准。

从这家企业的激励考核方法中，可以看出强制分布考核法拥有着明显的三个优点：

（1）更适合奖惩制度较健全的企业。只有企业奖惩制度完善了，才能通过这种考核进行激励或惩罚。

（2）可以有效避免平均主义。这种考核方法类似于末位淘汰制，可以避免员工出现吃大锅饭的心态。

（3）适合人数较多的部门，人数过少的企业不适合强制分布考核法。

◎ 股权激励疑难问答

问：科技型公司是否适合使用强制分布考核法？

答：不适合。因为科技型公司员工较少，且主要工作以科技产品的研发为主，所以运用强制分布考核法往往不能准确地测评出员工的绩效。因此，强制分布考核法更适合加工制造类企业。

第5章

激励流程：
按部就班，推进激励计划

履行好激励流程中的每一个环节，激励计划才能像一艘小船顺利启航。虽然流程略显古板，但每一环节都是一座浮桥，走好脚下的每一步，才能顺利到达成功彼岸。

5.1 制定激励目标

目标是激励的目的和结果,是企业基于战略发展策略而制定的某一时期发展规划的结果。因此,在企业决定实施股权激励时,首先要确定的就是激励目标。

5.1.1 明确股权激励的目标

企业在实施股权激励之初,首先要明确激励目标,因为股权激励无论采用什么方法,都只是一种手段,企业最终是想通过这一激励达到某一发展目标。因此,激励目标在整个激励流程中占据着主导性的地位,是激励计划的根本所在,必须先行制定出来。只有确定了激励目标后,才能为了这一目标的实现,制定出详细的激励计划(见图5-1)。

重庆某大学生创业公司,在成立不久后,公司决定实施一份激励计划。在有了这一激励的意向后,几位"90后"股东没有急于起草激励计划,而是先制定了激励目标:长远目标是5年后成为行业的前10名,短期目标是一年内实现盈利。从这一目标出发,公司先设定了一个短期激励计划,以业绩提升为主要激励目的,即销售额超过20元万后,向相关人员返利10%,达到100万元后返还40%。因公司业务为研发和销售互联网产

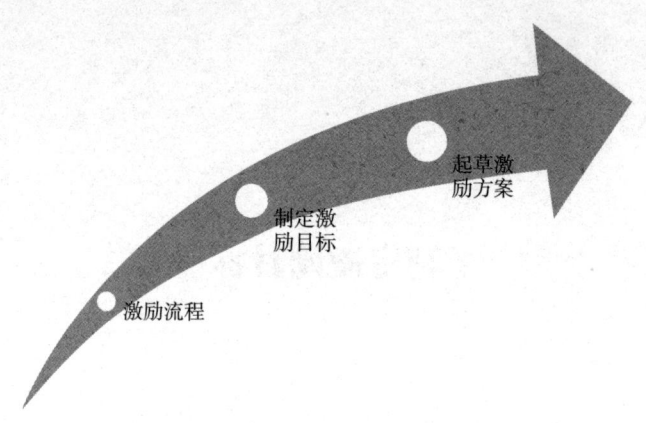

图 5-1　制定激励目标

品，所以从长期目标出发，公司决定授予 2 名技术骨干各 8% 的公司股份。

从案例中可以看出，公司的激励计划均是根据激励目标而设定的，所以设定激励目标为激励流程中的首要任务，但在制定激励计划确定目标时，应注意以下事项：

（1）激励目标应有明确的针对性。在确定激励目标时，一定要有针对性。这种针对性不仅是针对激励对象，还有公司想要达到的效果，比如预期业绩。

（2）激励目标应切实可行。在确定激励目标时，一定要具有可行性，即员工通过努力可以达到，否则只能沦为一个不能实现的理想，无法达到真正激励的目的。

（3）激励目标应以激励对象为中心。在确定激励目标时，应围绕激励对象展开制定，这样目标才会集中，达到真正激励的目的。

（4）激励目标应具体。在确定激励目标时，应当具体化，能够量化的应尽量做到量化，而不应太空、太大和模糊。

（5）激励目标应有时间限制。在确定激励目标时，一定要确定有效期,即开始的时间与结束的时间,否则目标只能成为空谈。

> ◎股权激励疑难问答
>
> 问:创业公司在确定激励目标时,是不是目标越大越好?
>
> 答:不一定。如果激励目标过大,实现起来势必较难,时间也会拉长,其间很容易引发激励对象因难以完成这一目标而心生懈怠。因此,在设定目标时,应采取"适中"的策略,时间上分阶段实施,即前期制定一个试探性的小目标,后面再设定一个略大些的目标。

5.1.2 不同的激励目标对应着不同的激励方式

公司在确定激励目标时,最好能够分出几个档次,即激励对象完成首个目标后,再启动第二个甚至是第三个激励目标,而激励方式也可以不断地推进,即逐渐加大激励目标强度的同时,也逐渐加大激励的力度,从而实现激励目标逐渐推进的同时,激励对象的收益也随之加大,这样更有利于持续发挥激励作用。如让激励对象逐一完成一个个小目标而获得收益,完成更大更长远的目标时,再实现更大的收益。但要坚持一个原则,即不同的激励目标对应着适合这一目标的奖励,激励的方式可以适当调整(见图5-2)。

360手机是奇虎360向手机制造业进军的品牌,在设立专门的公司后,奇虎360 CEO周鸿祎在2015年12月实施了一项股权激励计划。在制定这一计划时,公司首先设定了一个中期发展目标,而后又将这一目标分割成了数个小目标,以每一年为一个目标节点,设置短期目标,即每年企业实现比上一年度业绩增长20%时,即可兑现收益。如果5年内持续实现20%的增长,而员工的个人业绩又达到标准时,可以全部兑现。

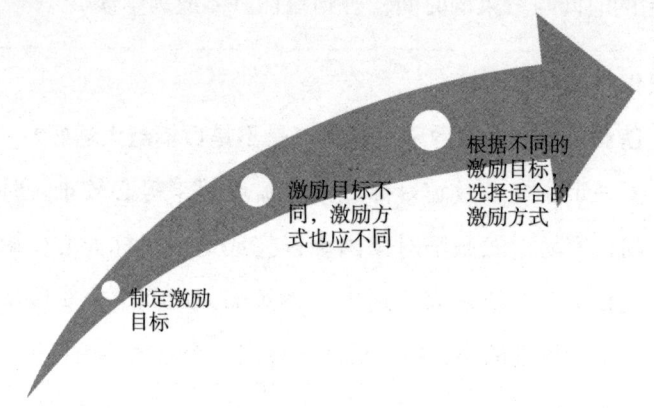

图 5-2 不同的激励目标对应不同的激励方式

激励方式上，360手机采取为员工授予股份的方式，统一采取股权分红激励，只不过员工的个人绩效越高，后期授予的数量会随之增加。在完成不同目标下的激励时，虽然兑现的方式相同，但激励的力度不同。

由此可以看出，企业在确定不同的激励目标时，应注意以下事项：

（1）激励应避免平均。针对激励对象而言，不同的对象，激励的方式也不同，即使是相同的激励，力度也应有所不同，不能搞平均。

（2）激励必须及时。激励及时，是指目标确定后要及时兑现，以体现公司诚信，确保下一次激励计划的有效实施。

（3）激励目标要适中。激励目标在制定时，应保持适中的原则，既不能过高，也不能过低，否则都无法达到最终的激励目的。

（4）激励目标应因人而异。激励对象不同，激励目标也应有所差异，比如，针对高管与普通员工，激励目标要有所区别。

◎ **股权激励疑难问答**

问：公司高管与普通员工在激励时如何分别设定激励目标？

答：对于公司高管，因属于公司的管理层，激励目标的设定，应着眼于公司的成长，所以应从公司每股净资产的提升来要求，并设定对其激励的目标，激励方式也应多从限制性股票的方式考虑。对于普通员工，激励目标应多从个人业绩结合公司业绩的增长出发，去设定相当的目标，从长期激励的目的出发，激励目标应考虑到公司持续稳定的业绩提升，以及个人业绩的提升，可以采取股票期权的方式进行激励。

5.2 起草激励方案

在股权激励中,激励方案是最为核心的部分,因为激励的实施,关键是要依靠激励方案来执行,因此激励方案有着至关重要的指导作用,同时也是今后实施激励计划时重要的依据。

5.2.1 明确激励方案的各个要素

在实施股权激励的过程中,起草方案是重中之重。因为激励方案是整个激励计划的纲领,起着实施指导的作用,因此不容忽视。在起草激励方案时,应注意激励方案的几大要素(见图5-3)。这些要素,必须在起草方案时进行一一明确,以确保后续执行与实施时有所参照。

2017年8月,上市公司中原内配发布了一份股权激励计划。从公告中可得知:

激励目标:募集资金不超过5.44亿元,用于实施新型节能环保发动机气缸套项目;

激励类型:限制性股票;

激励人员:公司董事、高管、中层管理人员和子公司高管、核心管理和技术研发、业务人员;

第5章 激励流程：按部就班，推进激励计划

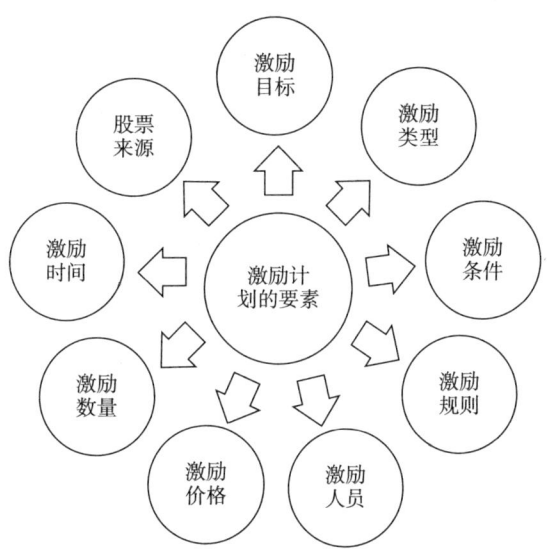

图 5-3　激励计划的要素

激励数量：2000.00 万股，占总股本的 3.40%；

激励价格：每股 5.03 元；

股票来源：定向增发；

激励时间：自限制性股票授予完成登记之日起至激励对象获授的限制性股票全部解除限售或回购注销之日止，最长不超过 48 个月；

激励规则：在本激励计划公告当日至激励对象完成限制性股票登记期间，若公司发生资本公积转增股本、派发股票红利、股份拆细或缩股、配股、派息等事宜，限制性股票的授予价格将根据本激励计划的规定予以相应的调整。另外，公司还规定：激励对象承诺，若在本激励计划实施过程中，出现本激励计划所规定的不能成为激励对象情形的，自不能成为激励对象年度起将放弃参与本激励计划的权利，并不向公司主张任何补偿；但激励对象可申请解除限售的限制性股票继续有效，尚未确认为可申请解除限售的限制性股票将由公司回购并注销。

由此可见，在起草激励方案时，企业一定要就股权激励的几大要素进行一一说明，以便在实施过程中出现相应问题时，作为执行的依据和标准，但必须确保这些规则或方法，是不与法律、法规相冲突的。

> ◎ 股权激励疑难问答
>
> 问：非上市公司在起草激励计划草案时，是否可以简化些？
>
> 答：从整个激励计划来说，可以相对简化，但是几大激励要素的内容却不能少，必须一一进行说明。这就好比麻雀虽小，却五脏俱全一样。在激励方案中，无论企业的规模大或是小，都必须包含以上几大要素。

5.2.2 明确激励方案中的其他说明

企业在起草激励计划的草案时，除了要明确激励方案中的几大要素之外，还有一项内容也应当予以明确，就是"其他说明"。这一项看似无关紧要，却是不可缺少的。因为其他说明，往往是就主要内容的一种补充说明，或是就本次激励计划的一种特别说明。具体到激励方案中，所起的名称或许略有出入，以"其他"或"其他说明"等名义出现，但所表达的意思却相同。都是一份特殊说明或补充说明，是对激励方案中某一未说明白的问题的一种补充，或是一种声明（见图5-4）。

上市公司中原内配在2017年8月制定的一份激励计划中，在前面明确指出了激励方案中的几大要素后，在第十一项中专门列出了一条"其他应当说明的事项"，具体内容如下：

本独立财务顾问报告中所提供的股权激励计划的主要内容是为了便于论证分析，而从《中原内配集团股份有限公司2017年限制性股票激励计

第 5 章 激励流程：按部就班，推进激励计划

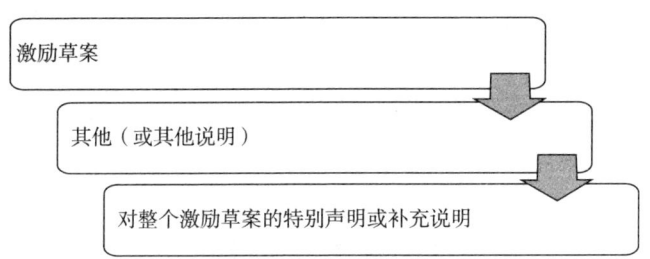

图 5-4 激励草案中的其他说明

划（草案）》中概括出来的，可能与原文存在不完全一致之处，请投资者以公司公告原文为准。

作为中原内配本次股权激励计划的独立财务顾问，特请投资者注意，中原内配股权激励计划的实施尚需中原内配股东大会决议批准。

很显然，这一条内容是对前面激励方案中的内容进行的补充说明，此外还声明公司实施股权激励过程中的账务顾问，以及这份草案尚未通过股东大会的批准。

◎股权激励疑难问答

问：在起草激励草案时，关于解锁期和行权方式等问题也要明确吗？

答：是的。尽管激励对象具体的行权期要到激励期限到达后，通过考核才能明确，但在起草草案时，企业必须先明确解锁期的期限和条件，以及日后行权时的方式及具体办法等，这样才能让激励对象做到心中有数。

157

5.3

明确考核条件

考核条件是激励流程中一个重要的内容,因为激励计划要想顺利实施,考核条件往往是检验激励成效的重要标准。没有这个标准,一切的激励考核都无从谈起。因此,在制定激励计划时,一定要明确考核条件。

5.3.1　从激励目的出发设定考核条件

在股权激励中,激励对象要想真正获得激励收益,必须要通过一定时间内的努力工作,或公司业绩达到了一定条件后,方可获得激励的股份或期权。因此,企业在起草激励草案时,一定要明晰具体的考核条件。这样,激励对象才能够事先明白,需要达到一个什么样的条件后,才能享受到激励。因此,考核条件对于激励对象而言,就是努力工作的目标(见图5-5)。

浙江新和成股份有限公司在对公司经营团队制定激励方案时,因针对的是包括公司总裁、副总裁、财务负责人、总监等人员在内的经营团队,所以考核条件设定为财务指标中的核心指标和发展指标。比如,激励对象在任期需要达成标准的核心指标为营业额总收入额与净利润总额,以及其在整体收入中所占的比重;发展指标为激励对象在任期内的科研投入所占

第 5 章 激励流程：按部就班，推进激励计划

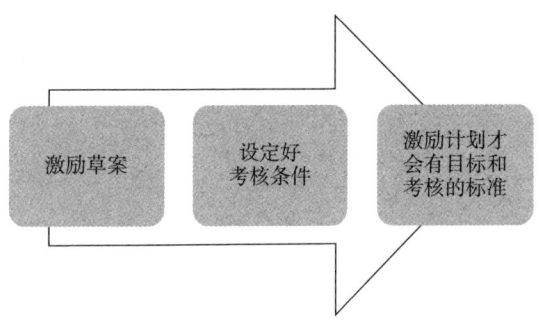

图 5-5 考核条件

营业总收入的比例和战略完成情况，规定其占总比重不得低于30%。在这一标准下，对所有权重计算后，将所有董事会成员进行平均，折算出具体的系数，然后再进行相关奖励。

新和成的这一激励条件，就是从激励目的出发，为了提升公司的业绩而设定的。因为净利润所占的比重情况，直接代表的就是公司业绩是否提升，而科研比例和在整体收入中的比重，能够直接反映出了科技制胜时代，科技转为利润的大小。而这两点的多少，直接体现的就是公司的盈利能力是否提升，以及业绩是否出现提升。所以，这一激励实际上就根据激励的根本目的，也就是提升公司业绩出发所设定的考核条件。

企业在设定考核条件时应注意的事项：

（1）考核条件要有统一的标准。企业在设定考核条件时，一定要有一个统一的标准，即使是针对不同的激励对象设定的不同的考核条件，也应有一个相应的标准，否则无法确保考核结果的公正。

（2）考核方式应避免单一化。不同行业的考核标准不同，因此在选择考核指标时，应结合行业间的不同差异制定出更符合企业自身的考核条件，避免使用单一的指标进行考核，克服考核的片面化。

（3）在考核目的明确的前提下设定考核条件。企业在设定考核条件时，一定要在考核目的的基础上设定，这样考核条件才能成为基于激励目的前提下的考核，针对性强，会更加符合激励目的。

（4）让员工充分理解考核条件。如果考核条件或方法较复杂时，应向激励对象及时解释和说明，以使其充分理解考核的条件。

（5）选择恰当的方法设定考核条件。适当的考核方法，就是最适合企业自身的方法，考核条件在设定时，一定要结合本企业的特点和特征。

> ◎ 股权激励疑难问答
>
> 问：在设定考核条件时，应主要围绕哪些指标来展开？
>
> 答：就是激励的目的。很明显，无论对于哪家企业，最终的激励目的都是以提升业绩为准，所以设定考核条件是应围绕企业增长的某些财务指标来展开，比如每股净资产值的增长，或是公司利润和净利润等，但同时也应考虑到企业发展指标的考量，如研发投入和战略执行情况等。

5.3.2　考核条件要切合实际

企业在设定考核条件时，一定要从企业的实际情况出发，做到切合实际，不能盲目，或是一厢情愿式地制定。因为激励计划是指实施激励的方法和手段等具体计划，不是最终的目的，最终的目的是企业业绩得以提升和发展，以完成企业发展战略。所以，不切实际的考核条件都无异于一纸空文，是难以检验激励的最终效果的（见图5-6）。

上市公司太阳纸业在2014年推出了一份限制性股票的激励计划，根据计划，公司拟授予共184名激励对象占公司股本总额的1.4%的1646万份

第5章 激励流程：按部就班，推进激励计划

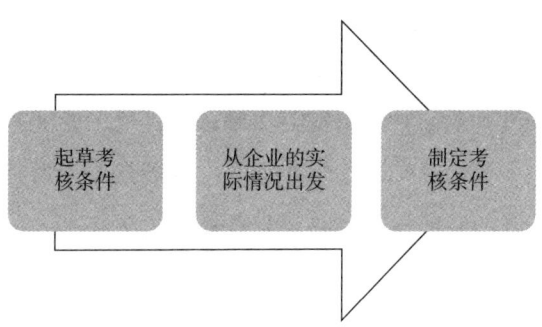

图 5-6 考核条件

限制性股票。这些股票是公司从二级市场自行购回公司股票获得的限制性股票，个人出资比例为70%，公司出资比例30%。在制定考核条件时，公司从实际情况出发，以业绩考核目标为主，即以公司2013年的业绩为基数，2014年~2016年公司的净利润应分别增长60%、130%、240%，并且2014年~2016年公司的净资产收益率分别不低于8%、11%、15%，同时每股盈利2014年~2016年应分别起过0.41元、0.59元和0.87元时，激励对象方可通过考核。

从这一考核条件来看，公司是根据短期内业绩的下滑以提振业绩出发而设定的，但由于在2016年时，公司原材料价格出现大幅降低，致使考核条件规定的业绩标准，轻松得以实现。

企业在起草考核条件时，如何做才能做到切合实际呢？这就需要从以下三点出发：

（1）设定考核条件前进行调查研究。调查研究是确保考核条件尊重实际的有效手段，可以避免设定条件的随意性，使考核条件和目标更合理化。

（2）根据企业的现状设定考核条件。考核条件的设定，应根据企业的

实际情况来确定，比如企业已经处于高速增长的末端时，想要再次实现高速增长，难度会很大，所以要冷静思考后再设定考核目标和条件。

（3）根据企业所处行业现状制定考核条件。每个企业除了自身发展的状态外，还有一个指标就是行业的前景度与发展速度，所以考核目标与条件一定要符合行业的发展速度，即使是企业面临加速增长时，也应避免目标和考核条件的过大。

◎ 股权激励疑难问答

问：以科学技术为主的互联网科技类公司，如何制定考核条件更为合理？

答：这首先要从公司的实际情况出发，因科技公司大多以技术研发为主，通过科技转化为产品从而体现出价值。因此，对于互联网科技类公司而言，考核的条件应更注重新技术与业绩，考核条件应围绕技术研发的突破与业绩来制定。

5.4 方案决议

当激励草案起草后,首先要面临企业内部的审核,但即使是企业内部,审核也是有着严格的程序,如必须在股东会通过和授权的情况下,再由董事会具体执行。

5.4.1 股东会授权

对于一家企业而言,股东会属于最高级别的会议,是指由公司全体股东出席的会议。当激励计划形成草案后,首先就要将草案提交股东会,如果未通过,可再进行修订,直到股东会通过并授权后,方可交由董事会来执行。而通常情况下,股东会有三种形式:法定大会、年度大会、临时大会,但其不会轻易召开(见图5-7)。

法定大会:只要是公开招股的股份公司,通常规定从公司营业之日起,要在最短不少于1个月、最长不超过3个月的期间内,必须召开一次股东大会。会议的主要任务是审查公司董事在开会之前14天内向各个股东提出的法定报告。这样做的目的,在于能够让所有股东全面了解和掌握公司的概况。

年度大会:年度大会是一种定期会议,又称为股东大会年会,通常每年召开一次,在每一个会计年度终结的6个月内召开。值得注意的是,年

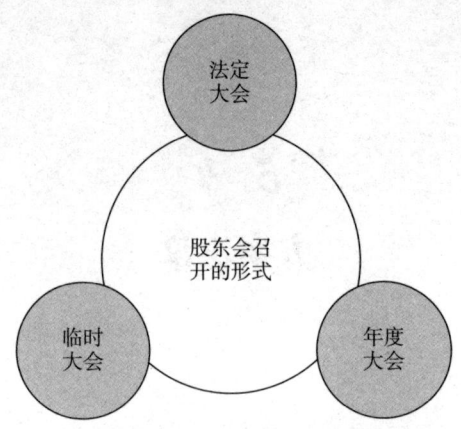

图 5-7　股东会召开的形式

度大会为法律强制规定的大会，一般时间都较为固定。大会的内容包括：变更公司章程、选举董事、宣布股息、讨论增加、减少公司资本以及审查董事会提出的营业报告等。

临时大会：临时大会是指因为发生了涉及公司和股东利益的重大事项，无法等到年度大会而临时召集的股东会议。

根据《公司法》第101条规定，有以下情形之一的，应当在两个月内召开股东会：

（1）董事人数不足本法规定人数或者公司章程所定人数的三分之二时。

（2）公司未弥补的亏损达实收股本总额三分之一时。

（3）单独或者合计持有公司百分之十以上股份的股东请求时。

（4）董事会认为必要时。

（5）监事会提议召开时。

（6）公司章程规定的其他情形。

2017年3月24日，上市公司新纶科技在制定好一份激励计划草案后，即召开了2017年第三次临时股东大会，审议并通过了《关于公司第一期股票期权激励计划（草案）及其摘要的议案》。根据这一草案，公司计划以股票期权的形式对包括公司的高管、中层管理人员和业务骨干在内的209人进行激励。

从新纶科技召开的这一次股东大会的形式看，就是一个临时股东大会，是专门为公司审核激励计划草案而召开的。

◎股权激励疑难问答

问：如果时间临近年度大会或法定大会的日期，是否一定要等到举行时再提出股权激励计划？

答：不一定。股权激励的实施，往往属于企业发展战略中较重要的事情，关系到企业未来的发展。因此，通常激励草案形成后，企业都会召开一次临时股东大会，进行专项审核，而不会拖到年度大会或法定大会上再去审议。

5.4.2 董事会执行

董事会是由股东大会选举产生的，是由董事长（一名）、副董事长（一名）和若干个董事组成，对内掌管着公司的具体事务、对外代表公司决策和经营的一个组织。通常在董事会里，董事任期3年，任期届满，可以连选连任。董事在任期届满之前，股东会不能无故解除董事的职务。同时，股东大会也不能干涉董事会对公司的经营和管理。

从董事会的构成中可以得知：企业在推行股权激励时，激励草案必须由股东会通过后，才能授权由董事会来具体执行（见图5-8）。

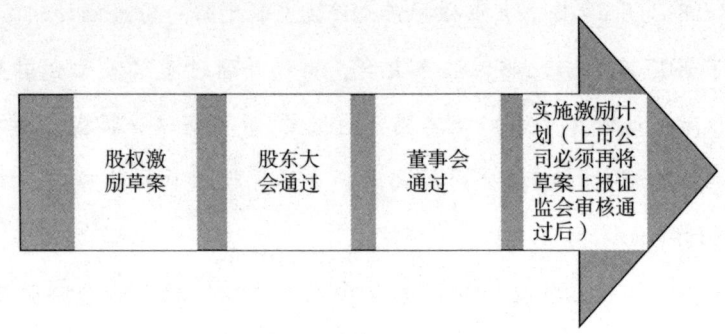

图 5-8　股权激励计划的审核程序

东睦新材料集团股份有限公司在 2017 年起草好一份股权激励计划草案后，先是由股东会进行了审议，通过后，公司董事会又于 2017 年 5 月 18 日，召开了第六届董事会第九次会议审议，专门审核并通过了公司第三期限制性股票激励计划的相关议案。

由此可见，公司召开的这次董事会，是在股东会通过激励草案后，专门为了再审核这一激励方案而召开的，而后才将草案递交了证监会进行审核。

在实际中，董事会应对股东会负责，行使以下职权：

（1）执行股东会的各项决议。

（2）决定企业的生产经营计划、投资方案。

（3）负责召集股东会。执行股东会的决议，并向股东会报告各项工作。

（4）制订企业的年度财务预算方案和决算方案。

（5）制订企业增加或减少注册资本和发行公司债券的方案。

（6）制订企业的利润分配方案和弥补亏损的方案。

（7）制定企业的基本管理制度。

（8）决定企业内部管理机构的设置。

（9）制订企业合并与分立或解散、变更公司形式的方案。

（10）决定聘任或解聘企业经理和其报酬等事项，并根据经理的提名决定聘任或者解聘企业副经理、财务负责人和其报酬等事项。

（11）公司章程中规定的其他职权。

> ◎**股权激励疑难问答**
>
> **问**：**在民营企业中，如果股东又同时是董事会成员时如何进行股权激励？**
>
> **答**：很多初创的企业经常会出现股东即是企业经营者的情况，所以在这时候的股东会可以与董事会合并在一起，只要各股东均同意激励计划，即可按照要求来实施和执行。但是必须保证一点：非董事会成员的股东也要参加这一大会，即确保这一会议要由所有股东成员与董事会成员参加。

5.5 召开说明会

在股权激励流程中,说明会是在公司股东会授权的情况下,由董事会出面,就股权激励计划方案与员工进行的一次对激励计划的具体说明会。换句话说,就是企业层面与员工层面进行的关于激励计划的阐述说明与解释的沟通会。因为只有让员工明白了具体内容,才能在其后顺利实施,所以这是激励过程中必不可少的一个环节。

5.5.1 说明会召开的前提

说明会,是指当股权激励计划草案得到股东会与董事会通过后,由董事会具体执行,现员工一起参与的一次激励方案的说明会。但是,这一说明会的召开,最好邀请公司的律师,或是外部顾问等一起参加,这样可以确保激励的合法性或可行性,尤其是对于小型的民营企业而言(见图5-9)。

从说明会召开的目的来看,举行说明会时通常要注意以下三种情况:

(1)召开说明会前,激励方案必须是在得到了股东会与董事会同意的情况下,而上市公司的说明会要经过证监会审核后,才能召开。

(2)召开说明会前,应邀请企业的律师或外部的顾问到场后,再召开。这样做的目的是可以确保激励方案的公正性和合法性。

第5章 激励流程：按部就班，推进激励计划

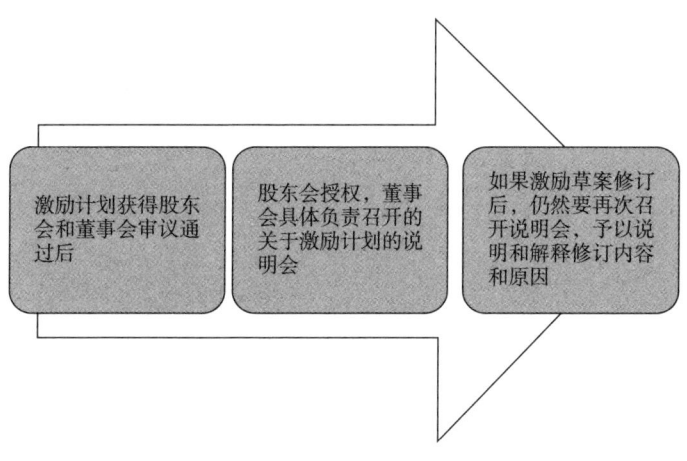

图 5-9 说明会

（3）激励草案如果进行了修订，应再次召开说明会，对修订的部分进行说明，说明修订调整后的内容，以及具体原因。

2016年12月，南京埃斯顿自动化股份有限公司先是制定了一份第二期股权激励草案，在提交给股东会审议通过后，公司董事会又进行了审核，而后公司即召开了一场激励计划的说明会，并邀请了公司的法律顾问参加。在说明会上，公司即对二期股权激励的具体计划进行了说明。说明会结束后，法律顾问出具了一份《法律意见书》，其后激励计划才开始具体实施。

从某种程度上也可以说，说明会虽然是公司对员工解释与说明激励计划的会议，但同时也是一次检验激励计划是否合理可行的机会。

◎ **股权激励疑难问答**

问：企业在召开方案说明会后，是不是方案就无法改动了？

答：不一定，这要根据激励方案来决定。如果在说明会上，多数与会者在明白了激励方案后，感觉不够合理，仍然可以将意见反馈给董事会。如果董事会确认有必要修改时，应修改后再提交股东会重新审核，通过后，再及时召开说明会予以说明修订后的结果。

5.5.2 说明会中需要明晰的问题

在激励计划中，方案说明会不是通知员工的会议，而是一个在激励方案出来后，面向全体员工的一个方案说明会。在方案说明会中，公司要向与会者阐述激励方案的具体内容，包括激励方案中各个要素，以及参与股权激励的人员所必备的责、权、利等问题，让参会者真正明白股权激励所带给公司和个人的好处，以及具体实施的时间和激励的方式方法等。从另一个角度讲，说明会除了是一种对激励方案的阐述说明，同时也是一种精神激励，因此要详细说明激励方案的详细计划（见图 5-10）。

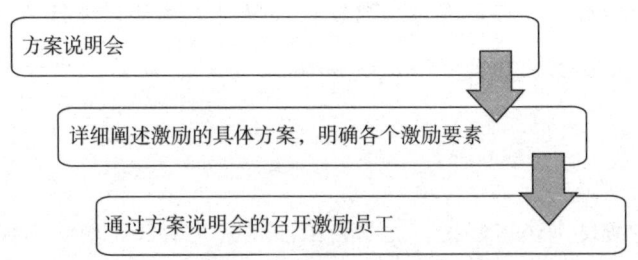

图 5-10　方案说明会

由此可见，在召开激励说明会时一定要明晰以下内容：

（1）说明会要明晰有效期、授予日、解锁日等信息。激励计划中，要明晰激励计划关于激励有效期、授予日等信息，让激励对象做到心中有数。

（2）说明会要讲明考核的要求。考核的要求即是考核条件，不仅要讲明如何考核，同时也要阐述一下为何要如此设定。

（3）说明会要讲明行权条件。行权条件，其实是和激励目标相联系的，通过说明，要让激励对象明白，最终能够获得激励的条件是什么，从而指引他们的努力方向，达到跟公司预期同步的目的。

2016年5月，汇源集团设定好激励方案后，于2016年5月21日召开了一场激励计划方案说明会。与会者为来自集团外部的合作伙伴和集团内部的激励对象，即公司技术骨干80多人。为此，公司邀请了上海经邦企业管理咨询有限公司的李教授讲述股权激励说明。李教授不仅详细讲述了期股、期权、干股、实股等知识，还讲述了股权激励带给公司及个人的益处。同时，公司的相关人员也详细讲述了关于此次激励计划中相关的实施细则。

◎股权激励疑难问答

问：召开激励方案说明会时，为什么还要请一些股权专家？

答：因为在股权激励计划中，无论是采取哪一种激励形式，都会涉及相关股权知识，而股权专家的介入，是为了向员工普及相关的股权知识，好让员工能够真正明白激励的价值。同时，股权专家还会就公司激励方案中涉及的具体激励方式，从专业角度向员工分析其具体价值。

5.6 签署协议

在整个激励计划中，签署协议是最为重要的一项，因为只有签署了协议，激励草案才具有法律效力，会得到法律上的保护。当日后发生纠纷时，才会有保障。

5.6.1 协议中必须明确退出机制

在与员工签订激励协议时，既要明确激励对象的进入机制，同时也要明确退出机制。退出机制的内容比较多，并不仅仅是局限于在激励计划实施过程中员工的离开，同时还包括激励员工被开除等特殊情况，或者激励时间未满时激励股权的处理，以及激励期满后公司如何回购期权或如何处理持股问题（见图5-11）。

上海某广告公司创立不久，为留住核心技术骨干，决定实施激励计划。公司拟以每股1元的价格授予2名高管各0.8%的公司股份，同时授予5名业务骨干每人0.6%的公司股份。公司在与激励对象签署协议时，协议中明确规定：公司授予的股份为限制性股份，即公司在上市前不许转让，一旦因个人原因或公司原因，激励对象离开公司，则一律需要将所持股份按当时的公司估值所得的比例计算出价格多少回购给公司。

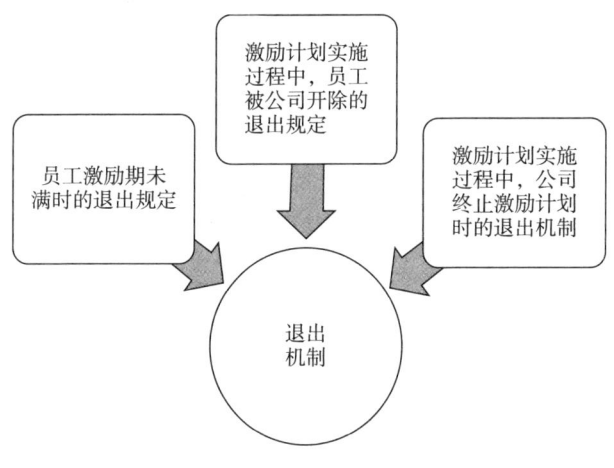

图 5–11　退出机制

这家公司在与激励对象签订协议时，就明确地说明了员工退出的机制。同样，如果公司激励对象为普通员工时，也要在签订协议时说明退出机制，以避免日后出现这种情况时，引发法律纠纷和公司股权流失。

◎ 股权激励疑难问答

问：在退出机制中，为什么还要明确指出股权回购等事项？

答：这主要是从公司控制权的角度出发。虽然在激励计划中明确规定了激励数量最高不超过3%，但是资本市场的运营，通常是以收购公司股权为主，尤其是上市公司，当出现恶意收购时，收购方经常会分散收集公司的股票，而累积达到了一定数量后即会实现控制公司。所以，在签订激励协议时，企业必须明确退出机制中股权的处理方法。

5.6.2　协议修改后必须经双方再次确认

企业与激励对象一经签订了协议，即具有了法律效力。但是在有的时候，这一激励计划并不一定就是完善的，这时候，就涉及修改的问题。公司具有修改方案的权利，以使激励计划更为符合激励目标，更有利于顺利地完成激励计划。

只是，尽管公司是从为了能够便于计划更为完善健康的角度出发对激励计划进行修改，或是由于公司股票出现了合并、扩股、缩股等情况，这些情况必然会导致原有激励计划在价格上出现变动。但是由于此时公司已经与激励对象签订了协议，所以在修改激励计划时，一定要在征得激励对象同意的情况下，双方再重新签订一份新的协议，并将原有的协议收回销毁（见图5-12）。

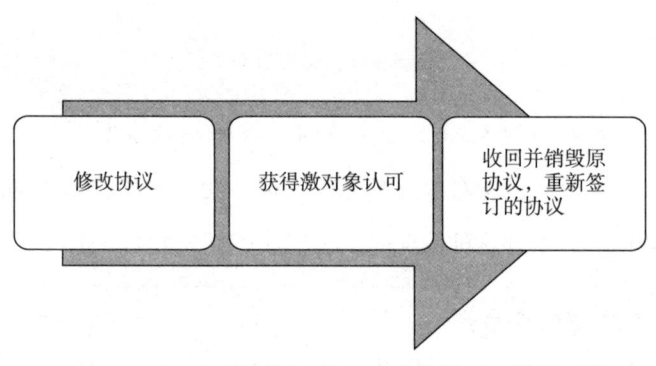

图5-12 修改协议

南京某销售公司，本着留住公司核心员工的目的，在2017年7月20日与公司两名销售经理签署了一份激励计划，并授予其各0.5%的公司股份。然而，到了8月初，公司现金流出现问题，进行了一次扩股融资，并重新梳理了一下公司股权。因当时实施激励计划时，公司是按照估值授予激励对象的，而此时因股份数量发生变化，于是决定对两名销售经理予以说明。在征得同意后，公司以追授的形式，再次追加授予了两名高管一定数量的公司股份，并重新签署了一份补充协议。

由此可见，非上市公司在实施股权激励时，一定要梳理好公司股份，做到激励与融资并举，为避免出现混乱，可事先建立一定数量的股票池，为日后的激励或融资做好提前准备。

◎ 股权激励疑难问答

问：缩股的情况通常什么时候发生？

答：缩股即公司原有的股票数量出现缩减，比如原有1000股，如今缩为100股。这种情况大多发生在上市公司，为了实现股票的全流通，按照流通股的发行股与非流通股的折价比例，将非流通股与流通股进行合并，使流通股与非流通股的价格保持一致，然后在二级市场上进行减持。对于非上市公司而言，不存在这种情况。

5.7 考核行权

在激励流程中,考核行权是比较重要的一个环节,因为考核才能检验激励的效果,而行权则代表着激励对象通过了考核,达到了激励目的,所以可以行使激励对应的权利,即获得相应的奖励。

5.7.1 考核时应遵照协议规定

激励考核时,应根据激励计划中关于考核的具体方法和标准来进行。激励对象是否行权,应根据考核后的结果,如达到了行权的标准则安排具体时间行权,并遵照事先的行权比例予以执行,而未达到标准者则不予行权。因激励计划中规定的行权比例或会不同,所以有一次行权与多次行权之分,但是否行权,都应根据考核结果来判定。这里存在着一个略显模糊的问题,即激励计划方案,应当以与激励对象签署的激励协议为准。因为当初的激励方案或许在其后会出现一定的修订,所以只有双方签署的最终协议才是执行的标准(见图5-13)。

2013年6月,乐视网经过考核后,公司根据考核结果,于6月13日董事会通过了首期激励计划。计划中191名激励对象进入了第一个行权期,2013年4月15日至2014年4月14日止,激励对象可行权的总数量为

第5章 激励流程：按部就班，推进激励计划

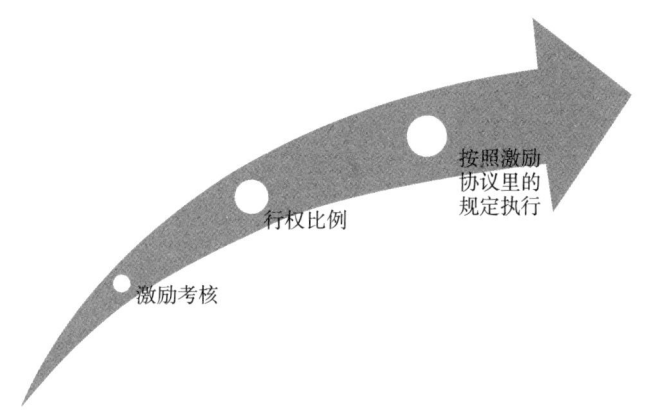

图 5-13 考核行权

4266298份股票期权。考核结果与最终公布的可行权人员数量和行权比例，均是按照 2011 年由公司股东会与董事会通过的《乐视网信息技术（北京）股份有限公司股票期权激励计划（草案修订稿)》和随后签署的激励协议中的相关规定执行的，因此此次激励计划获得了成功。

考核行权时的注意事项：

（1）防止考核失真。当激励期限到达后，在考核时应严格按照考核标准来执行，避免因某些人为因素导致的结果失真，否则会影响到后期的行权情况。

（2）注意考核过程中的偏见。在考核过程中，负责考核的人员一定要严格按照标准来执行考核，不能掺入某些个人对考核对象的固有偏见，从而影响到考核结果。

（3）加强考核结果的应用。考核结果，一定要进行排名公布，从而对名次靠前的予以激励，对名次落后的人应予以勉励。

（4）考核后要进行沟通。考核结束后，应及时与考核对象进行沟通，避免纯粹因考核而考核的存在，发现问题应及时纠正，以达到考核的真正

目的。

（5）考核后应及时公布名单和行权日期等。考核结果在核实后，企业应按时公布名单，以让激励对象做到心中有数。并按照公布的名单，及时安排行权的时间，并及时通知，如发布行权期的日期、数量等。

> ◎ 股权激励疑难问答
>
> **问**：考核不能简单些，只从公司业绩上来判断吗？
>
> **答**：可以，但是应根据公司的实际情况而定。因为公司业绩的提升只是一个大的方面，所以公司业绩的提升，往往只针对于高管或中层管理人员。对于普通激励对象而言，个人绩效同样重要，所以在考核时应细分，避免只注重公司业绩而忽视了个人业绩，造成吃大锅饭的情况发生。

5.7.2 根据考核结果确定是否行权

在激励计划实施的过程中，行权是一个重要的环节。因为之前所有的激励，如果无法做到可行权，其实就等于是空谈。因此，行权也是检验激励结果的最好方式，当绝大多数激励对象都能够行权，那就意味着企业通过股权激励，达到了最终的效果。然而，激励对象是否能够顺利行权，关键还在于激励考核是否能够达到激励计划中的条件或要求。所以，是否能够行权，不是谁说了算，而是看激励对象是否能够达到条件。这一条件，就是要顺利通过考核。然后根据考核结果，决定是否能够行权（见图5-14）。

2014年7月8日，三力士公司实施了一份激励计划。在2016年底，三力士公司根据2014年实施的股权激励计划，到了截止日期，就按照这一激励计划的规定，对激励对象进行了考核，并按照考核结果，确定出了最

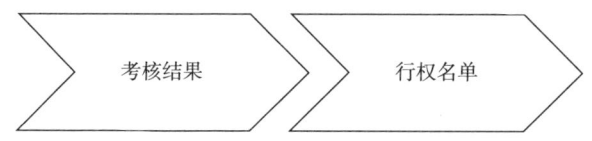

图 5-14 考核结果决定行权名单

终符合激励计划中第一期时间内达到行权标准的激励对象名单,并制定了一份行权报告,然后交予了上海市锦天城律师事务所。经审阅,三力士公司行权计划确实无误,所以上海市锦天城律师事务所为三力士公司出具了一份《法律意见书》,三力士公司即开始安排第一期计划的行权。

企业在确定行权名单时,应注意以下事项:

(1) 行权期间应发布公告,证明行权期。当考核完毕,进入行权环节时,企业应公布行权名单,以及详细行权结果,并出示公告,注明行权期。

(2) 企业应根据考核结果确定可行权人员。行权人员名单的确认,应是所有激励对象在经过考核后,只要符合行权条件时,均应予以行权。

(3) 企业应就行权事宜出具《法律意见书》。当股权激励进入到行权期阶段时,企业在制定好行权事宜后,尤其是上市公司,应根据规定,聘请律师事务所出具一份《法律意见书》,以示公正、合理、合法。

◎**股权激励疑难问答**

问:行权前为什么要出具一份《法律意见书》?

答:公司无论规模大小,要想做到合法,就必须在实施过程中得到法律的认可。所以,在签订激励协议时,要有法律监督。如在行权时涉及利润,也同样需要法律的监督,以免日后引发不必要的纠纷。

5.8 股权转让与回购

在激励计划的整个流程里,转让、撤销、回购,其实是公司最后将股份或期权真正授予激励对象,是最后的一个实质性环节,也是最为关键和重要的一环。因此,无论是企业还是激励对象,都要引起注意。

5.8.1 股权转让

股权转让,是指实施股权激励计划时,公司授予激励对象公司股份或期权后,进行股份或期权的转让。在具体实施时,公司往往将激励时的股票或期权交由专门成立的机构或指定的机构负责,并为每位激励对象开户,直到激励计划结束,当激励对象通过考核后才会真正转让给激励对象(见图5-15)。

西安某软件公司,在成立2年后决定实施一个激励计划,目的是挽留住公司的核心技术人员。因此,公司决定授予5名技术人员合计3%的公司股份,价格定为每股1元,条件是只有公司上市后,方可自由卖出这些股份,而每年可按持股比例享受到公司分红。在实施完成股票转让交易后,公司进行了工商登记注册。

股权转让		
公司按照约定价格将股份或期权授予激励对象	公司成立或指定专门的机构，负责管理授予对象的股份或期权	激励计划结束后，公司对通过考核的对象进行股权转让

图 5-15 股权转让

企业在实施股权转让时，必须注意以下事项：

（1）股份转让时，双方必须签订好协议，若是非上市公司或合伙企业，应同时完成新的工商注册。

（2）双方签订股权转让协议时，应有律师在场予以见证，以确保其法律效力。

（3）如果企业在实施股权激励，是以公司股票或股份激励时，股票权转让应尊重《公司法》相关约定，上市公司应遵守《上市公司股权激励管理办法》中的相关规定，必须遵守股票或股份的数量规定。

◎股权激励疑难问答

问：股权转让时，为什么要有律师在场？

答：当企业以股票或股份激励时，实际上激励就变成了企业股票或股权的所有权发生了变化，为了确保股票或股权转让的合法性，必须有法律人士或机构予以认证，以确保其法律效力。所以，在股权激励过程中出现股权转让时，一定要有律师在场。

5.8.2 股权回购

股权回购，是指当激励对象购买的是企业的虚拟股票或期权时，一旦到达了持有期限后，若是通过了考核，达到了标准，企业就会兑现激励计划中的承诺，按照当初的指定价格对员工所持有的虚拟股票或期权进行回购，从而使激励对象获得实质性的收益。

注销是与企业回购相伴的，即企业在回购完员工手中的虚拟股票或期权后，会对这些虚拟股票进行注销。同时，对未通过考核的员工手中的虚拟股票等也会一同进行注销（见图5-16）。

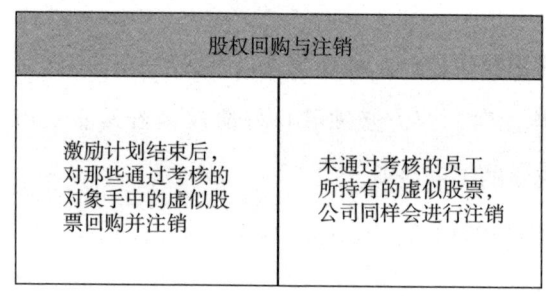

图5-16　股权回购与注销

2015年，某公司海鲜加工厂决定对公司的员工发行2000份虚拟股票，条件是公司在2016年的净利润必须以2015年为基数增长超过20%，员工才可享受到相关比例的分红。到了2016年，公司净利润达到了在2015年基础上增长30%，公司即给每位员工进行了相应的分红。其后，因公司打算实施新的激励方式，因此在虚拟股票的激励计划结束后，公司按最初约定的价格从员工手中将这2000股虚拟股票进行了回购和销毁，并重新制定了一份全员持股计划。

这家海鲜加工企业在2016年实施的即是虚拟股票的回购与注销。值得注意的是，当企业在实施某项股权激励方案后，如果打算中止这一激励计划时，同样需要对之前售出的激励股份进行回购与注销。

◎**股权激励疑难问答**

问：限制性股票售出后，是否同样可以回购注销？

答：可以。无论是哪种形式的股权激励，当激励方案结束或中途出现意外，如发生员工离职等情况时，均应由企业回购并注销。即使是公司即将实施一项新的激励计划时，也应对旧有的股份予以先注销，而新的激励计划中的股份来源，需要重新注明，或是由之前预留的部分进行激励。

第6章

激励选择：
企业所处时期不同，激励方式也不同

现有的激励方式可以作为企业实施股权激励时的模板，但并不是每一种方式都适合所有的企业。激励方式的选择，往往与企业所处的发展时期有着密切的关系。处于不同时期的企业，只有选择适合当下的激励方式，才能最终达到预期的激励效果。

6.1
初创期的股权激励选择

初创期的企业,由于既缺钱又缺人,所以在决定实施股权激励方式时,不能只是一厢情愿地设计激励,而要根据现状设计适合自己的激励方式。

6.1.1 股份激励+分红激励

企业在初创时期,由于企业运营需要的资金量较大,加上企业在这一时期往往为了发展投入较大,现金流较少,所以在选择激励方式上,应当以股份激励为主,分红激励为辅。对于缺少现金流的初创企业而言,能给予激励对象的,往往是公司的股份,因为股份的授予无须企业投入资金,这样可以让企业保留更多的现金用于运营。

另一方面,初创企业不可能对所有员工都授予公司股份,实现全员持股,所以还是需要出让一些股权的分红权给普通员工,以此进行激励。

因此,对于初创企业,股份激励+分红激励相结合的方式比较适合(见图6-1)。

南京国文文化发展公司在2016年创办之初,决定实施一项股权激励计划,以留住公司的核心技术人才和高管,同时又想提升整体员工的工作积极性,而公司因刚刚成立不久,资金并不宽裕,于是对2名高管和3名技

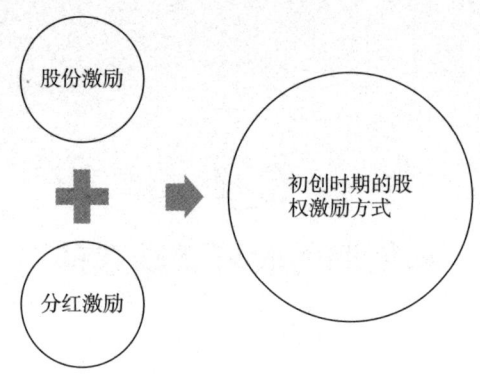

图 6-1　初创时期的股权激励方式

术骨干共授予公司3%的股份，并授予主要员工1.8%的股票期权，以此激励。这样一来，公司只是出让了一定比例的股权和分红权，短期内并未付出资金，却留住了公司高管和技术骨干。

由此可见，对于现金流不充裕的初创企业，在实施股权激励时，还是应多以股份激励+分红激励的方式实施激励更为适合。只是，在实施股份激励时，应控制好激励的数量，以免控制权流失。

◎ 股权激励疑难问答

问：初创企业只以分红的方式激励不是更能保住企业的控制权吗？

答：理论上是这样。但是，分红激励的力量有限，对于普通员工而言是适合的，但对于公司高管与核心技术人员来说，就显得力度弱了。因此，对公司高管与核心技术人员，初创企业应适当出让部分股份。

6.1.2　干股激励

对于非公司员工，但在公司业务上又起着重要作用的外部人员，初创企业可以适当以干股的方式进行激励。这些人员虽然不在公司内部，但对于公司的发展却起着重要的作用，比如：销售公司中销售能力强的外部人员、公司上游企业中为公司原材料的提供起到重要作用的人等。

这些外部人员，如果不对他们进行一定激励，可能会造成公司的损失，因此必须挽留住，最好的方法就是送给这些人员一些公司的干股。相对来说，干股的激励力度要远远大于分红激励，同时激励对象虽然持有了一定数量的股份，但却只是享有了公司的分红权，并不拥有表决权和所有权，不会造成公司的控制权流失问题。因此，这是一种最适合初创企业激励外部人员的激励方式（见图6-2）。

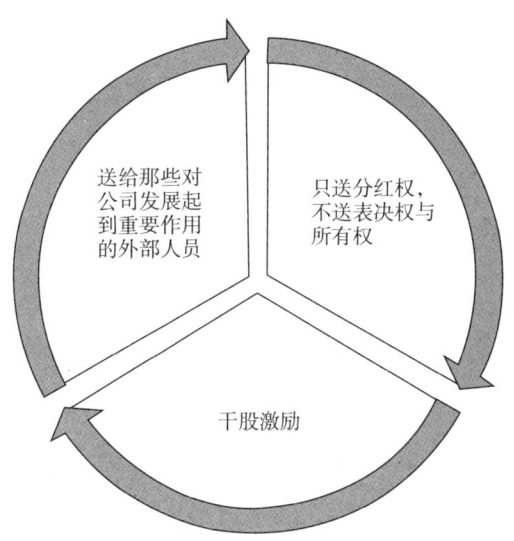

图6-2 干股激励

宏远公司是一家以研发互联网软件为主的公司，2017年3月，公司实施了一项激励计划，对公司内部近80%的员工进行了激励，同时公司还对一家互联网产品推广公司的李某和赵某进行了激励，因为两人主要负责公司产品的对外推广和销售，所以公司授予了两人各3%的公司股份。两人无须出资，也不参与公司经营，只享受分红，即干股。

宏远公司的激励方案中，之所以对公司以外的两个人进行干股激励，就是因为在公司产品的推广和销售上两人占据着较大的比重，所以以利益将两人紧紧与公司的成长捆绑在了一起。

> ◎ 股权激励疑难问答
>
> **问**：干股激励时应注意哪些？
>
> **答**：企业在实施干股激励时，应与激励对象签订一份协议，注明激励对象拥有干股后所拥有的权利与义务。即约定好激励对象所享有的利益，如分红权。同时也应明确，激励对象只是享有分红权，而不具有其他，如表决权、所有权等权益。

6.1.3 合伙激励

合伙激励是近些年涌现出的一种新的激励形式，主要是由于国家大力推行合伙制企业的原因，加上初创企业在发展中经常会遇到的诸如资金或技术等方面的不足，所以这种激励形式一经出现，即受到了众多初创企业的青睐。

在表现形式上，合伙激励通常表现在资金合伙、技术合伙、项目合作三个方面。而在项目合作中，只是就某一项目，企业与相关企业进行合作，比如人与人合伙、项目与技术合伙、项目与人合伙、项目与项目合伙（见图6-3）。

虽然在合伙激励上，有着这四种明显的合作方式，但主要还是项目、技术、人三者之间的合作，作为企业一方，之所以对其他环节进行激励，目的是为了推进合作伙伴之间的共同利益，以达到共赢。

第6章 激励选择：企业所处时期不同，激励方式也不同

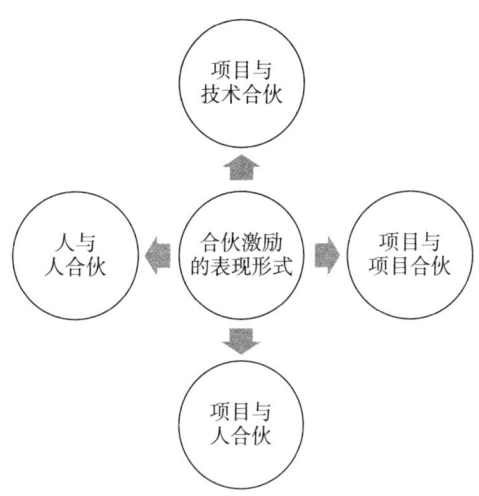

图6-3 合伙激励的表现形式

初创企业在实施合伙激励时，最主要的表现形式还是资金与技术合作。阿里巴巴在创业之初，马云曾经出让公司大部分股份给日本软银公司的孙正义，获得了企业发展的资金2000万美元。这就是典型的资金与技术的合作。另一方面，在阿里巴巴的创业团队里，马云又以股份的形式授予了18个创业人员一定比例的公司股份，这同样是一种合伙激励，目的就是为了能够挽留住核心技术人员。其后，当阿里巴巴成长后在美国实现了上市，当初与其合伙的日本软银的孙正义，获得了巨大的收益，而阿里巴巴最初的18位创始人也均成为了亿万富翁，获得了巨大的收益。

因此，合伙激励如果运用得当，会获得共赢的结果，此种激励方式值得众多初创企业效仿。

◎ **股权激励疑难问答**

问：合伙激励是要彼此成立一个合伙企业，还是仅仅是一种合作？

答：这要根据初创企业在实施合伙激励时的目的与具体的情况而定。比如，如果企业是为了留住核心技术人员所实施的激励，可以采取让核心技术人员以技术入股的方式加入企业，成立一个合伙企业；如果是企业与企业间的因技术实现项目的合作时，可以专门成立一个合伙企业，也可以只是双方基于一种合作的目的，签订一份合作协议。

6.2 发展期的股权激励选择

处于发展期的企业实施股权激励，往往是发展过程中最关键的时期，因此在实施股权激励计划时，必须按照企业的特点，采取"权""利"并举、长短主次分明又相互结合的激励方式。

6.2.1 "权"和"利"并举的激励方式

当企业步入发展时期时，往往是企业最不稳定的时期，尤其是在企业内部，高端人才的黏性相对较弱，企业所面临的人才薪酬待遇往往相对于其他时期的企业要更高一些。但仅仅是提升待遇还远远不够，还必须出让一定的"权"，这样才能让企业稳定发展。也正是企业在发展时期的这一状况，使得企业必须实施一定的股权激励，稳定团队，以求持续发展。

这也就决定了发展时期的企业，在实施股权激励时，应当对企业核心人员进行适度的股权激励，比如：对企业高级管理人员、核心技术骨干进行股份激励；对中层管理人员及业务能力强的人员进行"利"的激励，如股票期权等（见图6-4）。

博能股份有限公司是西安一家企业，企业告别原始创业期，步入发展时期后，公司面临了许多困境。于是在2017年4月，公司实施了一份股权

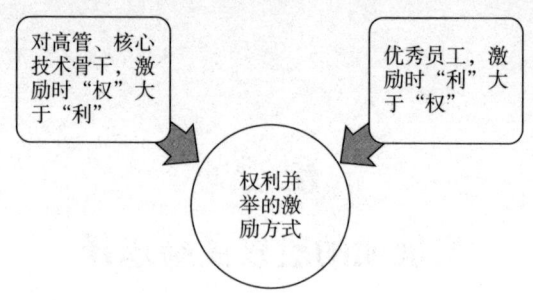

图 6-4 权利并举的激励方式

激励计划。这一激励计划更多偏重的是公司核心管理人员,公司授予3名高管各18900股公司股份;同时授予35名核心技术人员各8600股公司股票,其他激励对象1000~8000数量不等的公司股票。

正是这种在权利激励的指导下,公司在发展时期实现了稳定和持续发展。

◎ 股权激励疑难问答

问:发展时期的企业实施权利并举的激励方案时,是否要一次性到位?

答:不一定。发展时期的企业在实施股权激励时,应考虑到公司的实际情况,可以从重点出发,先对公司重要员工进行"权"的激励,再针对普通员工进行"利"的激励,比如博广热能股份有限公司的做法。这样做的目的,就是激励时先抓住主要对象进行激励,而后次之,以做到从点到面的激励。

6.2.2 长期激励为主的激励方式

发展时期的企业在实施股权激励时,为了日后企业能够持续稳定的发

第6章 激励选择：企业所处时期不同，激励方式也不同

展，应以长期激励为主，因为作为发展中的企业而言，关键还在于企业的业绩能够持续稳定的增长，所以这一时期的股权激励，应侧重于公司的长期可持续性发展（见图6-5）。

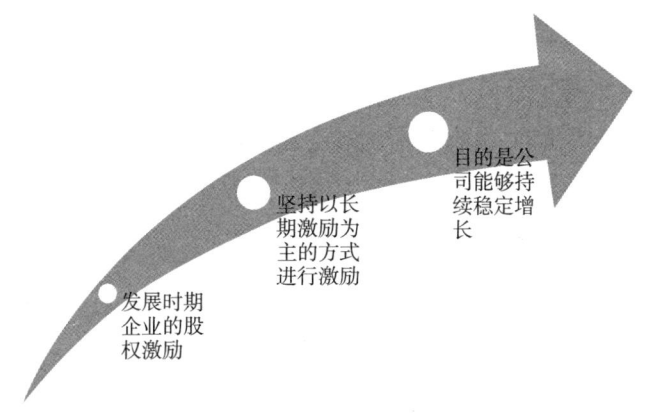

图6-5 发展时期企业的股权激励

上海盛世大联保险代理股份有限公司是一家新三板挂牌企业，是一家正处于发展中的企业。在2015年登陆新三板时，公司实施了一项激励计划，为了达到长期激励的目的，公司特派出专门的管理人员、员工合计16名自然人，联合一家机构，共同成立了宁波盛宁投资合伙企业（有限合伙），专门负责激励计划，对公司主要员工一共授予了400万股公司的股份，并给予一定限制，目的就是让公司主要员工持有部分公司的股份，以达到长期激励的目的。正是在这种长期激励制度之下，公司业绩在激励计划实施后的2016年、2017年，实现收入突破亿元的成绩。

由此可见，发展时期的企业，在股权激励时，一定要从长远的目标出发，从而对员工形成一种吸引力，以达到持续的激励效果。

◎ 股权激励疑难问答

问：为什么发展时期的企业，激励时往往以公司股份为激励？

答：这是因为发展时期的企业，虽然看起来企业拥有了一定的基础，但实质上为了实现其后的持续发展，往往对人员的需求更大，尤其是对企业内部核心员工与外部行业尖端技术人才，这就需要企业在这一时间更为注意对外部人才的吸引和对内部人才的凝聚。如果公司一旦出现人员流失，尤其是核心人员，对企业今后的发展，往往会造成巨大的损失，甚至是致命的打击。因此，这一时期的企业应当以长期激励为主，挽留住内部核心人员。而对于核心人员，要想长期将其与企业捆绑在一起，则必须授予其一定数量的公司股份，让其成为企业未来的股东，其才会与企业同呼吸、共命运。

6.2.3　短期激励为辅的激励方式

发展中企业，在以长期激励为主的前提下，同样不应忽视短期激励的效果。从企业发展的角度来看，长期激励更着眼于企业的战略性发展，短期激励往往更能从阶段性的短期目标入手，以提升公司短期的业绩，从而达到提振士气的作用。另一方面，一个个短期激励的不断成功，最后必然会导致企业在不断实现短期目标的同时，实现长期的发展目标。所以，长期激励对于发展中企业而言是根，而短期激励是叶，叶繁茂了，根自然具有强壮的生命力（见图6-6）。

北京百华悦邦科技股份有限公司是2007年成立的一家企业，主要业务为销售计算机、软件及辅助设备、电子产品、五金交电、机械设备、通讯设备等。当进入2014年时，公司虽然得到了一定发展，但仍处在发展时

第6章　激励选择：企业所处时期不同，激励方式也不同

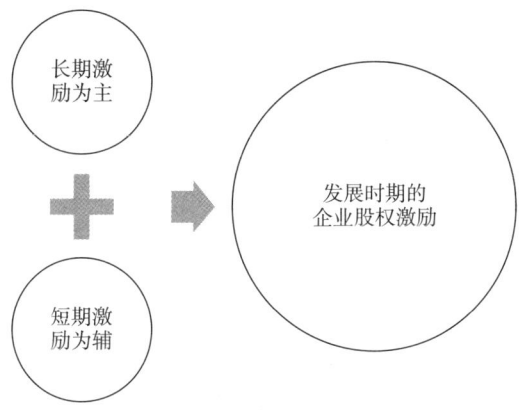

图6-6　发展时期的股权激励

期，因此公司在登陆新三板逐步实现资本扩张的同时，实施了一项股权激励计划。本次激励采取了限制性股票与股票期权的两种方式进行激励：其中的限制性股票主要针对公司高管、业务核心人员；股票期权则以短期激励为主，授予公司中层干部及个人业绩突出的员工，目的就是短期提振业绩。

在这种长期激励为主与短期激励为辅的激励方式下，公司在2015年第三季度，净利润一下子突破千万元，从上一季度的718.14万元达到了1614.37万元，到了第四季度又提升到了4007.67万元，短期业绩出现了快速增长。而从长期看，仅仅到了2016年时，全年净利润同比增长率达到了17.90%，每股净资产达到了1.16元。

北京百华悦邦科技股份有限公司的成长，就是由于公司在实施股权激励时，采取了以长期激励为主、短期激励为辅的方式，使公司业绩在短期得到不断提升的同时，促进了长期业绩的提升。

◎ 股权激励疑难问答

问：短期激励既然能够快速提升业绩，为什么不能长期以短期激励为主？

答：短期激励毕竟只是一种短期的刺激行为，即使是不断实施短期激励计划，也会使激励对象造成一种只注重短期效益的短视行为，而忽略了企业长期发展的目的，甚至会导致激励对象剑走偏锋的情况出现。因此，长期激励是一种观念的引导，即以激励的方式，让员工培养一种与企业同发展共命运的长期价值观，能够看得更远，企业才会走得更远。因此，短期激励实施的时候，一定不能忽视长期激励。

6.3 成熟期的股权激励选择

成熟企业有成熟企业的优点,同样也存在着更为明显的缺点,要想改变这一现象,在实施股权激励时,就必须注重创新,采取以长期激励为主的先利后权的激励方式。

6.3.1 以创新激励为主

当企业步入成熟期后,实施股权激励时,就应从成熟期企业的特点出发,来制定激励方案,而这就需要先明确成熟期企业的特点。

成熟期企业的特点:

(1) 企业所处行业的生产能力此时已接近饱和,市场需求也趋于饱和。

(2) 企业规模空前,企业在行业中的地位基本已经定型,企业产品的普及程度达到了一定高度。

(3) 企业已构成一定的支柱产业地位,生产要素产值、份额和利税份额,在国民经济中已经占有一席之地。大量替代品的出现,使得原行业产品的市场需求开始逐渐减少甚至出现衰退。

这些特点决定了一直处于成熟期的企业,应当以创新激励作为企业再发展的根本。企业如果不在产品创新上做文章,很难再向前推进企业的发展（见图6-7）。

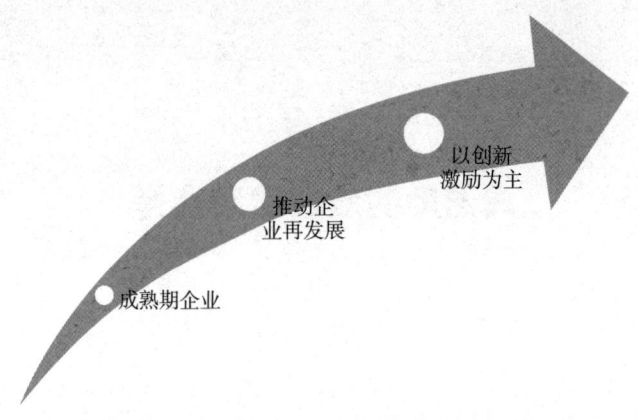

图6-7 以创新激励为主

众所周知，华为公司是目前国内手机销量排在第一的手机公司，然而，当初的华为并不是生产手机的，而是一家以生产销售通信设备为主的民营通信科技公司，主要生产、研发和销售数字程控交换机等通讯设备。随着2010年市场的不断饱和，加上华为一直以来在以创新为主的激励模式下，公司与中国电信首批推出了新的产品——天翼千元3G智能手机，短期内销售量即突破了100万台。

其后，公司将主要业务放在了智能手机上，并加大对创新的激励，以至于公司生产的智能手机异军突起。与此同时，公司也加强对芯片的研究，并予以较大幅度的激励，后来公司相继推出了海思麒麟950、960、970，以及即将推出市场的980芯片和人工智能AI，芯片技术超越了高通与苹果。

正是这种公司创新的激励，使得华为一举突破了成熟期的企业瓶颈，实现了二次腾飞，位列全球第三大手机制造商。

与华为形成鲜明对比的苹果，其创始人乔布斯一直推崇创新，并对公司创新人员予以激励，以致苹果4S成为了引领全球智能手机的一个标杆。

但到了库克，却没能从用户的角度出发去激励员工创新，从而实现产品突破，导致其后的 iphone 5、6、7 等产品，出现了"一代不如一代"的情况。

科技时代，科学技术一直在飞速发展，企业也应顺应时代发展的需求，尤其是成熟企业，更应格外注重创新激励，不断提升产品竞争力，才能让企业实现再次腾飞。

> ◎股权激励疑难问答
>
> **问**：创新激励中应着重对哪些员工进行激励？
>
> **答**：掌握企业核心技术的人员。科技的发展，总是以技术突破壁垒为先锋，所以，成熟企业在实施创新激励时，应以掌握了企业核心技术的人员为主要激励对象，但也应像谷歌一样，充分尊重每一位员工的创新成果。这样，成熟期企业才能在缓慢衰退的时期告别下滑，实现二次腾飞。

6.3.2 先有"利"后有"权"的激励方式

成熟期的企业在实施激励计划时，由于企业自身的特点所致，企业员工往往从自身而言均缺少一种动力。要知道，是企业的现状决定的员工的这种工作态度。所以，在成熟期企业实施股权激励时，应当着重许以"利"，以形成对激励对象的刺激，达到激励的效果。而后才是"权"的激励，这一"权"除了公司股票的所有权外，还包括表决权，以使激励对象在获得"利"之后，真正成为企业的主人，实现当家作主的梦想（见图 6-8）。

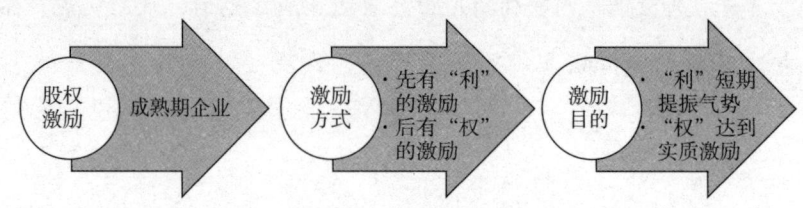

图 6-8　成熟期企业股权激励

惠普公司在经过前两任总裁的努力后，一举在 2006 年成为了全球第一大 PC 厂商，其后的数年，公司在这一水平下出现了缓慢增长，此一时期中国的联想几乎以一路小跑的速度实现快速崛起。为了谋求再创企业辉煌，惠普股东们开始了全球寻找掌门人的行动，并最终从亿贝挖掘到了梅格·惠特曼来执掌公司。惠特曼以 1 美元年薪入职后，随即对公司实行了大刀阔斧的改革，并以业绩为激励指标，对各部门实施激励，使得惠普在其执掌后业绩得到了明显的提升。而惠普的股东也没有忘记对这位女 CEO 的激励，在 2013 年恢复了其 150 万美元的年薪，在 2016 财年惠特曼获得了公司授予的补偿高达 3560 万美元，其中包括：价值 1170 万美元的股票期权，部分与股价目标挂钩；价值 1900 万美元的限制性股票。如果她能坚持工作到 2018 年末，并满足了特定绩效目标，这部分股份就归她所有。

无论是惠普公司对新的掌门人的激励，还是惠特曼对惠普公司的改革和激励，都是一种先利后权的激励方式。这种激励的方式，有效地促进了企业在短期业绩大幅提升的同时，又做到了持续稳定的发展，让企业重新焕发出了魅力。

◎ 股权激励疑难问答

问：成熟期企业为什么要实施先"利"后"权"的激励？

答：企业步入成熟期后，势必会遇到市场饱和、产品竞争力下降等问题。因此，企业在实施股权激励时，必须在短期"利"的激励下实现短期的经营状况的改变，同时成熟期企业要想其后的发展能够持续下去，必须从长期的根本改变做起，要注重"权"的激励，这样才能彻底提升企业竞争力，实现再创辉煌。

6.3.3 以长期激励为主要目的

由于企业在成熟期内，要想再发展，面临的往往是短期业绩的提升以突显效果，但要想得到长期可持续的发展，就注定了成熟期企业在实施激励时，要从企业长期发展的角度出发，实现最终的可持续性发展，彻底扭转企业在成熟期所遇到的发展瓶颈，所以短期激励应以长期激励为基础去设定（见图6-9）。

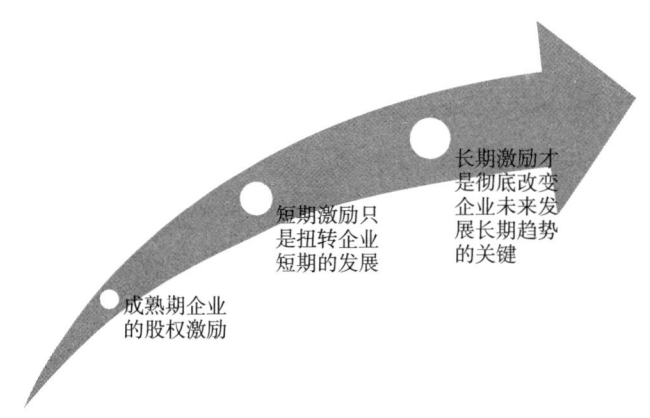

图6-9 以长期激励为主要目的

苏宁电器成立于1996年，经过多年的发展，公司实现了快速增长，尤其是到了2007年，公司已经成为了国内连锁家电市场上数一数二的企业，但此时公司的业绩却出现了增长迟缓，尤其同行业的后起之秀国美快速追逐，公司所面临的发展瓶颈越来越大。

为了改变这一现状，公司决定实施一份股权激励计划。因公司属于上市公司，所以在前两次方案未得到证监会通过的情况下，公司重新梳理了激励计划，决定从长期发展的角度出发，首先对公司总裁进行了替换，由"70后"副总裁金明取代孙为民，成为新一任总裁。激励上，因之前公司的高管均未持有公司股票，只有金明与张近东持股27.90%，所以苏宁电器此次股权激励计划将覆盖所有未持股的公司高管，因为只有高管均持股，才会形成更好的长期激励，才能实现企业的长期发展。

其后公司改名为苏宁云商集团股份有限公司，并创办了B2C网上商城苏宁易购，大力发展网络销售。通过数年的努力，虽然在企业转型之初出现了短时的亏损，但其后很快扶摇直上，再次成为了行业的翘楚。

因此，成熟期企业在实施股权激励时，不应过于看重短期的收益，而应从更长远的发展角度出发，以发展的眼光设定长期激励计划，因为成熟期企业扭转的关键在于经营思想上的转变，过于注重短期激励，只能让自身囿于只顾眼前的境地。

◎ 股权激励疑难问答

问：成熟期企业在激励时是否可以忽视短期激励？

答：不可以。虽然成熟期企业在激励时应看重长期激励，但是这样做的目的是为了企业能够再次发展，所以应从如何突破企业所面临的发展瓶颈出发，只要是能够让企业脱离困局，就应不遗余力地推行。

所以，适度的短期激励也是必不可少的。因为从目标管理的角度考虑，多个小目标的实现，才能推动一个个中期目标的实现，而中期目标的逐步实现，又必然会让企业实现最终的长期目标。所以，成熟期企业的股权激励，长期激励不容忽视，短期激励也同样应引起重视。

第7章

股权控制：
激励不能逾越控制权的底线

企业的发展少不了股权激励这一助推手段，但是企业又不能过于倚重这一手段，因为一旦股权激励越过了底线，势必会引发企业股权不同程度的流失。而股权的流失，则意味着企业将面临更大的生存危机。

7.1 股权激励的九大生命线

在股权激励中，企业要想做到既激励了员工，又不会因此失去对企业的控制，就必须牢牢把握好股份激励的九大生命线，以免落个得不偿失的结果。

7.1.1 绝对控制线

绝对控制线，是指创始人掌握企业不低于67%的股权，对企业修改公司章程、合并、变更主营项目、重大决策等拥有着绝对的控制权。这一持股比例，是创始人在创业时，无论是进行融资，还是股权激励，都应当守住的股权底线，以免由于过度融资或是激励，丧失掉对公司的绝对控制权（见图7-1）。

南京某科技公司是由3位股东按照每人出资1/3的比例，共出资1000万元，合伙成立的合伙企业。成立后，为挽留住公司6名核心技术骨干，公司决定拿出3%的股份进行激励，如果从单独持股比例来看，激励实施后，每位股东占有公司的股份均低于了1/3，但作为整个创业团队而言，3位股东共同持有的股份依然在67%以上，达到了97%，所以依然保持着对公司的绝对控制。

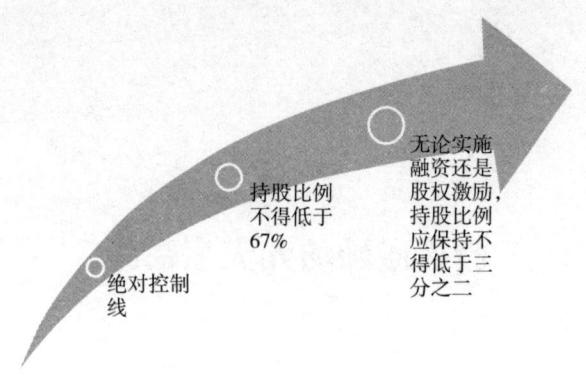

图 7-1　绝对控制线

这就说明，无论是企业在融资还是股权激励时，必须确保整个创业团队所占的公司股份的比例在 2/3 以上，而不是单个股东所占的比例。对一家公司而言，公司的绝对控制线——2/3 的持股，不是指单一股东的持股，而是整个创业团队的持股必须达到这一比例。对公司而言，只要能够保证创业团队掌控公司 2/3 的股权，控制权就不会流失。

◎股权激励疑难问答

问：很多民营企业，创业团队或大股东实际持有的公司股份并不多，为什么他们却能牢牢控制公司？

答：这就要从控制权来说，而不能单纯地只看持股比例。比如京东的刘强东在 2015 年 3 月时，仅仅持有京东 16.43% 的股份，却能够牢牢控制住公司。其中的原因，就是公司在融资与股权激励时，尽管出让了大部分公司股权，但是却实行同股不同权，即其出让的公司股份对方只享有分红权，却没有表决权，并且公司实行同股不同权的双层股权结构，所以他依然对公司保持着股权中 67% 以上的份额，拥有着控制权。

第7章 股权控制：激励不能逾越控制权的底线

7.1.2 相对控制线

相对控制线，是指创始人占有企业51%的股份，即超过半数股份的情况，这样就对企业的重大决策表决有着相对的控制权。从法律意义上讲，持股51%只是一个相对的控制权，持有者只拥有企业的一部分事项决定权，涉及到增资减资或其他重大事项时，包括企业的解散、注销等行为，仍然需要由股东会进行投票决定（见图7-2）。

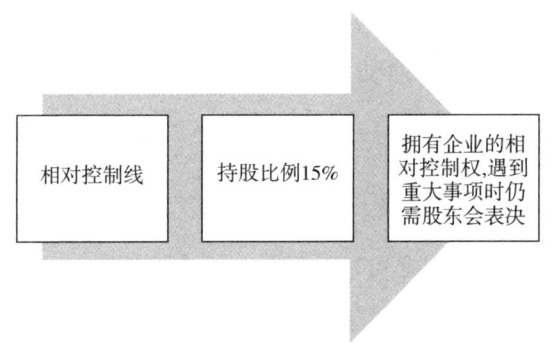

图7-2 相对控制线

某公司为一家设备公司，为了控制上游某电子元件企业以降低生产成本，其决定出资购买这家电子元件公司的股份，进行激励。但为了能够实现相对控制这家公司，设备公司先后出资共2亿元，以溢价的方式购买了这家公司的股份，直到占有了电子元件公司51%的股份后才作罢。因为，设备公司只是想对这家公司进行控制，而不完全拥有，所以收购其股份时只要持股比例达到了51%，能够实现相对控制，即可控制好上游原料的成本，不用100%收购。

因此说，公司股东想要相对控制公司，就必须让自己拥有公司51%的股份。

> ◎ 股权激励疑难问答
>
> **问**：为什么控股股东往往只拥有了企业30%的股份，却能够控制公司？
>
> **答**：这里就涉及控股股东的问题，因为《上市公司章程指引》中明确规定："此人单独或者与他人一致行动时，持有公司30%以上的股份"，即可成为该公司的控股股东。所以，一个股东真正控制一家企业，只要是成为企业的第一大股东，就能够成为这家企业的控股股东。因此，在激励时，如果对某一激励对象连续激励达到了30%，就可能失去了公司的相对控制权。

7.1.3　安全控制线

安全控制线，是指创始人对于董事会的决议拥有一票否决权，所占股份必须达到34%。根据《公司法》规定，企业的重大决策需要2/3以上的表决权才能通过，如果有一个股东拥有了企业超过1/3的股权，那么另一方的表决权就无法达到2/3以上。如此一来，该企业的这一重大决策就无法获得通过。所以，对于一个企业的创始人来说，只要拥有了公司34%的股权，也就等于拥有了控制企业的生命线，即安全控制权。

这里的股权，指的是股票的表决权，而并不一定是公司股份或股票。之所以称之为安全控制权，是因其他股权拥有者，即使有超过半数表决持有反对异议，但是拥有34%的控股股东依然可以让最后的提议无法顺利通过。这样，持有34%的控股股东仍然能够主张和表决某些事宜，即使并不一定会获得股东会的认可，但企业依然处于安全线上（见图7-3）。

上海某投资企业，由于小股东王某拥有较强的投资经验，公司为了留

第7章 股权控制：激励不能逾越控制权的底线

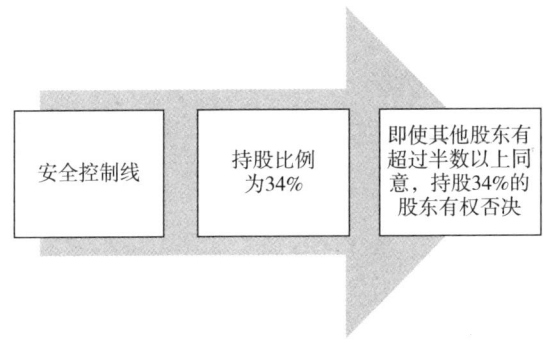

图7-3 安全控制线

住人才，让其拥有较大的决定权，所以在其就任总裁时，对其实施了一份股权激励，以成本价授予其公司股份达到了34%。这样一来，公司的每一个投资决议，虽然王某无法拍板决定，但其拥有了超过1/3的股份，就拥有了否决权。即当其他股东均同意某项投资时，只要王某不认可即无法通过执行，有效地为公司的每一项投资实现了良好的风险控制。

因此，对于34%持股者而言，虽然其无法实现一言九鼎式的决策，但却占据着很大的比重，并且能够对股东会上的某些错误决议产生制约。而其自身，又无法自行决断某些事宜。因此这是一种安全性较强的持股比例。

> ◎股权激励疑难问答
>
> **问：持有1/3以上股份的股东提出方案时，为什么安全？**
>
> **答**：这是由其持股比例决定的。因为34%持有者一旦提出了决议，必须得到其他股东的响应，使赞同者达到2/3以上，方可通过，这样就能够较大程度上确保方案的可行性。同时，如果其他股东的提议即使超过了半数以上，只要34%股份持有者否决，提案同样无法通过实施。所以，持股34%者实际上就对企业的每一个决议都起到了关键性的安全把握作用，且又无法做到一手遮天。

7.1.4 要约收购线

要约收购线，主要是针对上市企业，对于初创企业来说并不涉及，但是如果企业有上市的需求，就要引起关注了。要约收购线的标准为30%持股的比例。现实中，如果一家企业已经上市了，某位股东达到了持股30%的比例时，其要想控制企业，就需要加大股份占比。但是《证券法》与《上市公司收购管理办法》都有规定："如果要收购该企业，已经有30%股份的股东，需要向所有股东发出通知，表明自己的收购意图。"

这一规定，实际上是为了起到一个警示的作用。因为当一家上市公司的某一股东持股比例达到了30%的要约收购线时，或是接近这一比例时，上市公司就要对其的某些间接或直接的收购公司股票等行为进行关注了。尤其是在企业实施定向增发式的股权激励时，尽管可能是出于融资的需求，但同样需要对这类股东进行注意，以避免企业被其收购（见图7-4）。

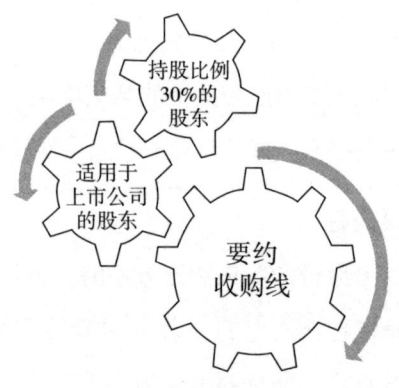

图7-4 要约收购线

2015年12月，深圳宝能系通过之前陆续增持上市公司万科A的持股，最终其持有万科A的股票达到了30%，持股触发了要约收购线。但是，由于这种增持属于市场行为，而宝能系也并未表示出有收购万科A的意思，所以并没有向万科 A 的股东发出要约，证监会也未对这一行为做出反应。

然而，宝能系这种通过举牌和从二级市场上的不断增持万科 A 股票的方式，却让其成为了万科 A 的大股东，最终影响到了公司创始人王石对企业的控制权。

由万科 A 的例子可以看出，当上市公司有其他公司在大举增持其公司股票的时候，或是间接购买其公司股票时，一旦持股达到了 30%，就要引起公司控制人的注意了，否则一旦其发出要约收购公司，必然会出现江山易主的情况，而即使其不收购企业，同样能够在大股东的身份下，危及创始人在企业的地位。

> ◎股权激励疑难问答
>
> **问**：为什么持股 30% 后收购人需要发出收购要约？
>
> **答**：这是由《证券法》和《上市公司收购管理办法》规定的。按照相关规定：对于持股 30% 以上者，要求其聘请财务顾问出具核查意见，依法向监管部门报告，并履行法定要约义务或申请豁免，监管部门在 15 日内限期审核。所以，持股 30% 的股东在收购企业时，必须向其他股东发出要约，并报请证监会批举后方可实施收购。

7.1.5　同业竞争线

同业竞争，是指上市企业所从事的业务，与其控股股东所控制的其他企业，或实际控制人所控制的其他企业所从事的业务相同或相近，双方构成直接或者间接的竞争关系。在法律上，对这一点并无明确规定，通常认为，关联企业特指一个股份公司通过 20% 以上的股权关系或者重大债权关系能控制或者影响任何企业，包含股份公司的大股东、子公司、并列子公司以及联营公司等情况（见图7-5）。

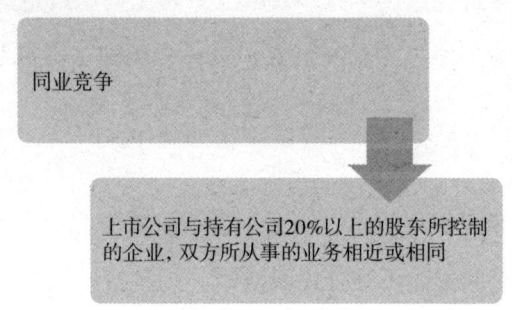

图7-5 同业竞争

某跨国集团公司C为了实现快速发展，决定对其旗下主要业务的公司C1实施股权激励，以赶超竞争对手美国某公司。但同时，也对集团另一块主营业务子公司C2实施了股权激励。期间，集团公司得知，子公司C2的某下游企业A也对C2公司实施了激励。

集团公司发觉不对，因子公司C2的下游公司对C2公司的依赖性并不太强。集团公司就此展开调查，发现A公司的控股股东为集团公司的一位股东，持有本集团20%的股份。如此一来，集团公司与A公司形成了同业竞争的情况，集团公司随即将这一发现提交了股东大会，并对这位股东给予了警告，责令其要么出让手中集团公司的股份给集团公司，要么转让其持有的A公司的股份。

同业竞争是一种不良的竞争关系，尤其是持股20%的股东与其他和上市公司业务相同或相近的企业，实现了控股或是存在某些重大债务时，往往容易引发一些不良的后果，比如恶意收购等行为，会危害到上市公司。因此，企业一旦发现持有20%以上的股东存在与上市公司同业竞争的情况时，应即刻制止这种行为进一步蔓延。所以，对于上市公司而言，20%成为了企业的同业竞争线，而对持有本公司20%以上的股东，企业一定要做好监管。

> ◎股权激励疑难问答
>
> 问：如果持股20%以上的股东控股的其他公司，业务只是与上市公司相近但没有冲突时，为什么也是一种同业竞争？
>
> 答：业务相近或相同，就是一种直接或间接的竞争表现形式。在资本市场，存在着很多真真假假的投资陷阱，无论是企业对上、下游企业的激励，还是融资，往往并不能单纯地将其看作融资或激励，因为涉及到了股份。而许多业务相近的企业经常会出现兼并上、下游企业的行为，以做强做大，提升市场竞争力。因此，只要上市公司持有20%以上的股东所控股的公司从事的业务与上市公司相近，就应认定为存在同业竞争的关系。

7.1.6 临时会议线

临时会议线，是指如果一位股东拥有公司10%的股份，就可以拥有举行临时会议的权利，并且拥有临时提出质疑、调查、起诉、清算、解散公司的诉权。因此，在设计股权架构、设计股权激励方案时，或者引进技术合伙激励，甚至是引入投资者时，最好不要让企业的某个利益小团体的持股比例超过10%。因为一旦某个企业内部的利益小团体共同拥有了企业10%的股份后，即拥有了这一权利，极有可能会影响到企业的某些决定。所以，10%的股份就成为一条临时会议线。也正是出于这一原因，《上市公司股权激励管理办法》中才规定了上市公司激励的股票总量不得超过10%的比例（见图7-6）。

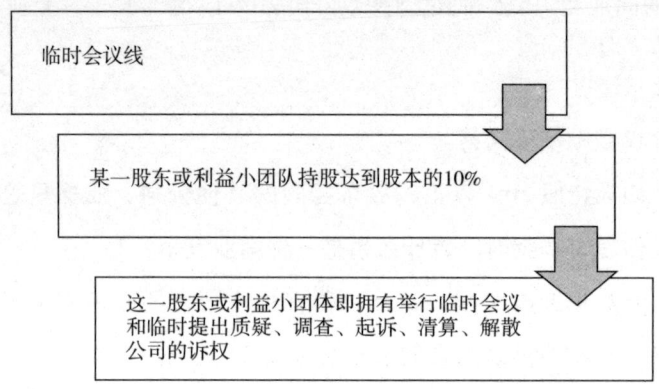

图7-6 临时会议线

北京某互联网公司为了挽留住公司5名技术人员,决定对其实施股权激励。在召开股东会议时,2位股东均提出应加大激励力度,提出授予5名核心技术人员每人2%的公司股份。但另一位股东提出疑问:这样实行的话,则5名核心技术人员将共同持有公司10%的股份,如果5人联合,势必会影响到公司的运营。最后,三位股东咨询了相关专业机构,以每人授予1.98%的公司股份作为激励,确保了5人即使联合也达不到10%的临时会议线的标准。

由此也可看出,虽然有些互联网公司的发展动力主要源自于员工核心技术,但一定要守住临时会议线10%的这一底线,否则极有可能为日后的经营决策带来隐患。

◎ 股权激励疑难问答

问:为什么马云拥有的公司股票不足10%,却依然能够决策公司?

答:这是因为阿里巴巴实施了双层制的股权结构,即同股不同权,马云拥有的股票一票拥有两票的表决权与投票权,远远高于普通持股者。

第7章 股权控制：激励不能逾越控制权的底线

> 另外，在当初引入日本软银公司2000万美元投资时，孙正义曾明确表示，将其持股的所有表决权均无偿给予马云，即其投资阿里巴巴只拥有其分红权，至于其他的权利仍由马云拥有。正是出于这一原因，马云拥有的公司股票虽然总量不到10%，却依然能够牢牢控制公司。

7.1.7 股权变动线

股权变动线，是指上市企业转让或者变更股权所有权时，如果超过了总量5%，就需要进行公示与信息披露。另外，根据《公开发行证券公司信息披露编报规则（第12号）——公开发行证券的法律意见书和律师工作报告》（证监发〔2001〕37号）中第三十八条规定：企业必须就拟上市公司与持有拟上市公司股份5%以上的关联方之间是否存在同业竞争等进行说明。根据该规定，企业在IPO审核中同业竞争的判断范围扩大至持有拟上市公司5%以上的关联方，包括持有拟上市公司5%以上股份的法人股东及其控制的企业，以及直接或间接持有公司5%以上股份的自然人股东的直系亲属所控制的企业（见图7-7）。

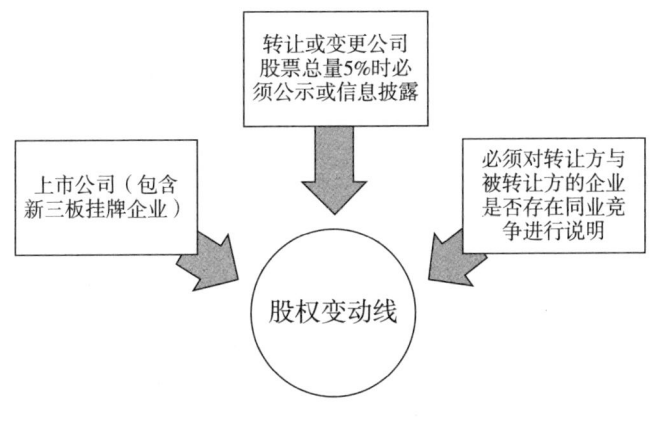

图7-7 股权变动线

2017年6月12日,某股权管理中心(合伙企业)买入了上市公司B公司585万股的股票,由于之前这家合伙企业已持有B公司1580万股股票,占公司总股本的4.88%,成交后,这一合伙企业一共持有了B公司2165万股,占B公司总股本的6.21%。这家合伙企业是作为投资者介入的,但却未按照规定履行公告的义务,因此受到了监管部门的处罚。

因此,作为投资方而言,当一次或累积持有某上市公司的股票数量达到5%时,必须及时按照相关规定做出公示。

> ◎股权激励疑难问答
>
> 问:当投资方持有某上市公司的股票接近5%时,是否需要公示?
>
> 答:不需要。如今很多的投资企业在增持某些上市公司时,往往会有意识地控制好持股比例,均保持在4.9%或4.8%左右,即不去触碰5%这一股权变动线,所以就不会受其约束。

7.1.8 临时提案线

临时提案线,是指企业的股东拥有3%的股份,就拥有临时提案的权利。在《公司法》第102条中明确规定:单独或者合计持有公司3%以上股份的股东,可以在股东大会召开十日前提出临时提案并书面提交董事会;董事会应当在收到提案后两日内通知其他股东,并将该临时提案提交股东大会审议。至于临时提案的内容,应当属于股东大会职权范围,并有明确议题和具体决议事项。这就决定了一旦在股权激励或融资时,某一股东或某一利益团体共同拥有了公司3%以上的股份后,即会拥有临时提案的权利,所以3%的持股比例成为一条临时提案线(见图7-8)。

第7章 股权控制：激励不能逾越控制权的底线

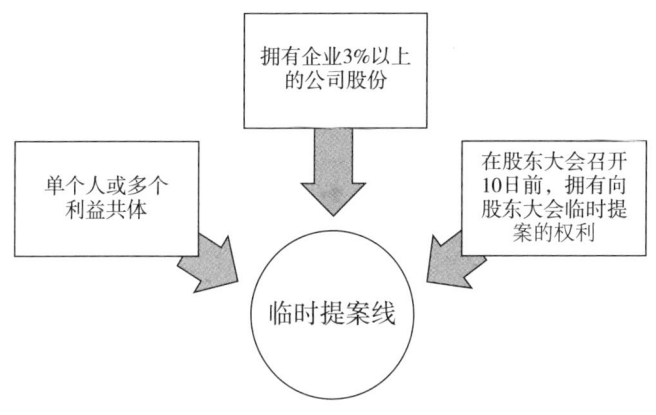

图7-8 临时提案线

A公司为一家股份制公司。在登陆新三板前，公司实施了一份激励计划，授予各技术骨干及监事等5人每人占公司总股本3%~4.8%比例的公司股份。按照规定，虽然这些激励对象属于技术员工，并未对公司控制权产生影响，但是他们却拥有临时提案的权利，即股东会召开的前10日，可以向股东大会提交临时议案。

另一方面，由于按照新三板规定，企业在挂牌后只对控股股东约束了转让股票的限制，至于其他持有者未提出限制，所以这些被激励者是有权在市场上转让公司股份的。一旦其转让给了投资者，则会相对增加对企业的影响。

因此，即将上市的企业，或是已上市的企业（包括新三板企业）在实施股权激励时，一定要设定好其限售的条件，否则极易为有心者钻空子，因为当这些外部投资者拥有了企业3%以上股份时，即会拥有临时提案权，容易干扰到企业的正常运营。

> ◎ 股权激励疑难问答
>
> 问：临时提案权只是一种提案权，为什么会影响到企业运营？
>
> 答：虽然临时提案权只是一种提案的权利，但因是3%以上股份持有者向股东大会提交的，因此可以不同程度上影响或干扰股东对某些事务的判断，比如就企业发展中的某些议案的提议等。另外，若是分别持有3%以上的股东联合到一起，达到了某一标准时，势必会进一步威胁到股东大会的最后决议。所以，企业在实施股权激励或出让股份时，应引起注意，尤其是在上市公司中股东通过二级市场转让公司股票时。

7.1.9 代位诉讼线

代位诉讼线，是指企业股东拥有了总股本的1%股权后，就可以拥有间接调查和起诉的权利，也称派生诉讼权。在《公司法》第151条中明确规定：有限责任公司的股东、股份有限公司连续180天以上单独或者合计持有公司1%以上股份的股东，可以书面请求监事会或者不设监事会的有限责任公司的监事向人民法院提起诉讼；监事有本法第一百五十条规定的情形的，前述股东可以书面请求董事会或者不设董事会的有限责任公司的执行董事向人民法院提起诉讼。因此，1%的持股比例也成为了拥有代位诉讼权的底线（见图7-9）。

云南某文化公司，在实施一份激励计划后，某高管获得了公司0.88%的股份激励，而之前，其已经持有公司0.21%的股份，至此获得了公司1.09%的股份。但是，其因感觉激励不够公平，就此展开了调查，结果使得此次激励计划以失败告终。

第 7 章 股权控制：激励不能逾越控制权的底线

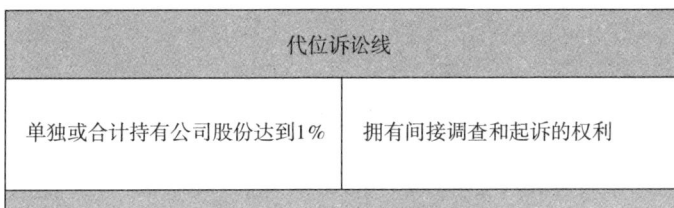

图 7-9 代位诉讼线

由此也可看出，当公司某股东获得 1% 的股份后，即有权对公司某些事情展开调查或向法院提起诉讼。因此，公司在实施股权激励时，一定要注意控制好单个激励对象的股份数量，以及其累积持股数量，以免引发日后某些不必须的纠纷。

◎股权激励疑难问答

问：如何防止员工持股达到 1% 的代位诉讼线？

答：对于企业的员工而言，在很多时候是难以达到持股 1% 的，这主要在于企业以融资或激励为目的展开的融资计划或激励计划，控制好了个体激励的数量或融资买入的比例，以及其累积买入的数量，且控制在 1% 的比例之内。这样，就不会出现员工达到代位诉讼线的情况，避免引发不必要的纠纷。

7.2 从股权激励设计源头掌控股权

创业团队要想控制企业,就必须从股权激励方案设计的源头抓起,因为只有从根源上把握好了激励的数量和比例,才能在其后不失去控制权。

7.2.1 科学设计激励的股票(股份)数量和比例

企业在设计股权激励计划时,要想做到科学设计,就要根据《公司法》与《上市公司股权激励管理办法》中的相关规定,按照规定的要求,安排激励时根据股票(股份)总量以及个量的限制来制定计划。即使不是上市公司,也应在激励计划起草完成后,对照规定的标准进行自查。如果发现激励计划中股票(股份)的激励总量或个量超出了规定的范围时,应果断提出修改建议(见图7-10)。

科学设计股权激励的股票(股份)数量与比例	
总量最高不得超过总股本的10%;个量不得过总股本的1%	激励计划制定好,企业安排自查,发现问题及时修改方案

图7-10 科学设计股权激励的股票(股份)数量与比例

第7章 股权控制：激励不能逾越控制权的底线

贵州某通讯设备公司在实施一份股权激励计划时，拟授予公司高管及技术骨干人员共计 5.8% 的公司股份。当激励计划起草完后，公司安排了具体人员予以核对。在检查过程中，发现其中一位公司高管虽然激励的股份数量仅仅有 0.89%，但是其已经在企业创业之初持有了公司 0.9% 的股份。一旦再次对其激励，其持股个量将超过规定的 1%，也就拥有了代位诉讼权。因此，自查人员将这一情况汇报之后，公司立即修改了这一激励方案，只对这名高管进行了 0.08% 的股份激励，其余股份激励改为股票期权的激励方式。

由此也可看出，非上市公司在自查激励方案时，一定不能只看本次激励计划上的激励股票（股份）总量与个量是否超过了规定的标准，还应参考激励对象的具体持股情况综合判断，以免因忽略使其超越 1% 持股的代位诉讼线标准。

◎ 股权激励疑难问答

问：科学设计股权激励的股票（股份）数量与比例的关键是什么？

答：关键在于设计激励计划的人员，或是自查人员，一定要从激励计划的总量与个量标准来衡量，不能超过规定的标准。与此同时，不能将目光仅仅局限在本次激励计划中，还应考量激励对象之前所持有的公司股票（股份）数量，以控制其不能超越 1% 的标准。

7.2.2 根据股份"权""利"分离的特性设计激励

企业在设计股权激励方案时，不要一味认为只有对员工授予公司股票（股份）才能达到激励的效果，应充分考虑到公司股票（股份）所拥有的"权"与"利"两个特性。对公司高管与核心技术骨干，可适当进行限制性股票（股份）的激励，而对于普通员工，可从公司股票（股份）的"利"出发，多授予员工期权，即分红权。

对于一家公司而言，股票（股份）激励，相对于管理人员更具有实际意义，因为他们负责着管理公司以及决定公司如何发展运营的问题，拥有了股票（股份）中的"权"，更有利于经营和管理公司；普通员工所关注的，更在于"利"，即企业能够给予的收益是多少。因此，企业在设计股权激励计划时，应充分根据不同的激励对象，给予更适合激励对象的激励方式（见图7-11）。

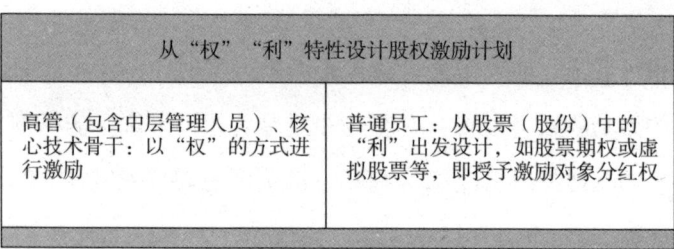

图7-11 从"权""利"特性设计股权激励计划

某跨国公司为了摆脱企业困窘的局面，决定实施一份股权激励计划。为此，公司专门聘请了一家机构为其设计激励计划。专业机构经过调研后发现，这家企业面临的困境是因高管变更导致的股票"权"与"利"分配的不合理所致，所以特意为这家企业设计了一份激励方案，对新任高管实施限制性股票激励，对普通员工实施虚拟股票的激励。激励计划实施后，公司员工得以充分发挥自身的动力，公司业绩得到了很大提升。

因此，企业在设计股权激励计划时，一定要根据股票（股份）中"权"与"利"的特征进行有效激励，使"权"和"利"充分放置在能充分发挥其功能的激励对象身上。不要一味效仿其他公司，一刀切地制定激励计划。

◎ 股权激励疑难问答

问：对于想要提升自我的普通员工如何激励？

答：这就涉及企业晋升机制的问题，比如：公司可以规定，当个人绩效达到某一程度时，即可根据对方意愿，破格提升。至于激励依然只是激励，只不过在员工多次达标后，可根据其能力进行擢升。所以，这不属于激励计划的设计问题，属于企业自身的用人与晋升制度问题。

7.2.3 充分利用分红权设计激励方案

分红权，是股权较为明显的一种权利，也是股东按照投资比例所享有的投资收益的一种权益。在股权激励中，股东可以通过出让部分股份分红权的方式进行激励。

这种分红权的激励方式包括：虚拟股票、股票增值权、延期支付、账面价值增值权、业绩股票、干股等几种方式（见图7-12）。

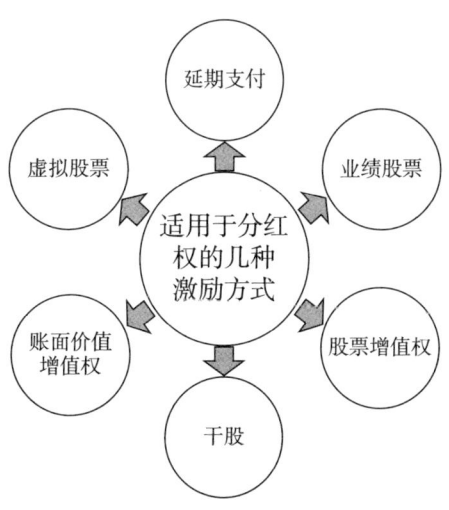

图7-12 适用于分红权的几种激励方式

通裕重工股份有限公司是一家上市公司，在2015年时，公司决定实施一项股权激励计划，于是利用2014年度的业绩激励基金从二级市场上购买了公司1991500股的股票，共占公司总股本的0.06%。这批买入的股票，公司用于激励高管和技术骨干等员工，但设定了一个锁定期，即由2016年12月16日起至2019年12月16日止，锁定期为36个月。在此期间，激励对象只有达到了激励时制定的目标后，方可逐一获得这些股票。

这就是一种企业股东让出部分红利用以激励的代表，当然，通裕重工股份有限公司的做法只是将分红利润购买了公司股票作为激励，实际上与直接授予激励对象股票期权是一个道理，因为激励对象在获得这些股票后，同样可以通过在二级市场上的减持获得收益。

> ◎ 股权激励疑难问答
>
> **问**：设计分红激励时，主要应针对哪些员工？
>
> **答**：相对来说，分红激励的激励力度要小些，更适合企业对优秀员工的激励。如今不少企业都在流行员工持股计划，但对于普通员工而言，如果企业没有上市的需求，那么员工持股计划的激励，员工最后收益的多数只是一种分红。比如华为公司，公司明确表态不考虑上市，那么公司在实施员工持股计划后，实际上员工收益的只是分红。不同的是，华为的分红要远高于其他公司。因此，分红激励更适合对大众员工的激励。

7.2.4　同股不同权的设计技巧

同股不同权的设计方案，属于双层制股权设计，较为适合有着融资需求又不愿失去控制权的企业，大多数用于公司实行合伙制经营的企业。

第7章 股权控制：激励不能逾越控制权的底线

在设计技巧上，主要表现为：公司发行两种不同的股票，一种是可以在市场上流通的普通股，一种是不经兑换无法直接在二级市场上交易的股票。这些股票往往会掌握在创始人团队，用于对企业的管理和控制。通常，双层制股权结构是以表决权1比10的比例设计，即创始团队所持有的股票，拥有1股即可拥有10票的表决权。但这一比例不是绝对的，设计时可根据要求，具体设计比例（见图7-13）。

同股不同权的设计技巧		
按照比例制定好A类普通股与B类不可流通股票的数量	制定好管理层拥有的B类股的可投票数量	约定好B类股与A类股的兑现比例1:1

图7-13 同股不同权的设计技巧

同股不同权的双层制股权结构最早只是在国外某些企业存在，中国最早实施同股不同权的企业是阿里巴巴集团。当年，由于企业有融资的需求，马云从日本软银集团融到了2000万美元的资金，其后又持有了公司一定数量的股票，而马云和他的创业团队所持有的股票数量还不及10%，但是由于马云所拥有的股票属于必须兑换后方可流通的B类股，所以拥有着1股10票的投资权，并且软银的孙正义将持有的公司股票的所有投票权均交给了马云。

这样一来，马云既融到了资金，又可以牢牢地拥有对公司的控制权。所以说，同股不同权的设计方案，是创始团队在融资或股权激励时比较好的控制股权流失风险的策略。

再比如京东的刘强东，京东经过了数轮融资与股权激励计划后，至2017年5月，刘强东仅仅持股15.8%，却拥有着80%的投票权，这正是来自于同股不同权的功效。

◎股权激励疑难问答

问：在同股不同权的设计中，A类股与B类股是按什么比例兑换？

答：在双层制股权结构中，但A类股与B类股在投票权上有着巨大的差异。如：B类股的投票权可达到等于大于10的功效，但是在股价上却是与A类股没有差异，所以B类股若是要兑换为A类股，是按照1：1的比例进行兑换的。这一点，与中国股改前同股不同价的情况完全不同。

7.3 控制股权的激励方式

企业要想控制另一家企业,必须控制这家公司的股权,但由于控制的程度需求不同,所以并不一定非要实现绝对控股,因此,企业往往在股权激励的方式上,实施直接持股、间接持股、交叉持股等方式借以实现不同程度的控股。

7.3.1 直接持股

企业管理者要想真正控制一家公司,就要直接持股公司股份至少30%以上,但是这时只能实现控股,即控制这家公司。如果是最大股东的话,也可称为相对控股。只有持股超过了50%以后,即至少达到了51%的相对控制线时,方可控制公司(见图7-14)。

在股权激励过程中,直接持股的方式,在国企改革中,主要表现为国有控股股东直接以股份授予经营者,让其具体经营企业;在民营企业中,因为涉及资本运营,企业融资激励后通常创始人团队持股较少,只是拥有着较大份额的投票权而已;在企业收购兼并过程中,一家企业或个人要想控制另一个企业,往往会采用直接持股的方式进行控制。

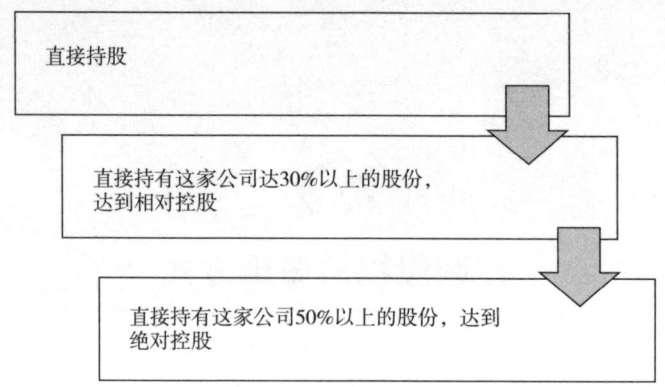

图 7-14 直接持股

青海某销售公司，因业务需求，想要兼并上游企业 A。为此，这家销售公司实施了一份股权激励计划，对上游企业实施限制性股份激励，以激励这家企业，并以公司股份换取这家上游企业 A 大股东手中 51% 的股份，从而实施收购。通过这种换股的方式，这家销售公司最终实现了对这家上游企业的控制。

在此次收购中，青海这家销售公司就是通过换股的方式实现了直接持股，以达到控制这家上游企业的目的。可见，直接持股往往更为直接明显。

◎ 股权激励疑难问答

问：直接持股中，具体的购买股票的方式有哪些？

答：有两种方式。现金收购，是以现金的方式直接从股东手中见得公司股份，达到直接持股；转换股份，以本公司的股份，通过与对方公司股份转换的方式，达到持股 30% 以上或 50% 以上，即可实现相对控股成绝对控股。

7.3.2 间接持股

间接持股，就是一家企业或个人虽然未直接持有某公司的股份，但却持有第三方公司的股份。而对于这家持有第三方企业的公司或个人来说，就是间接持有某公司的股份（见图7-15）。

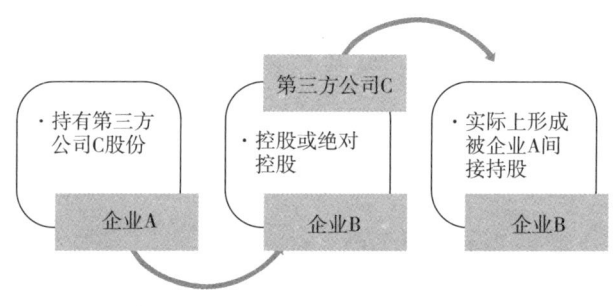

图7-15 间接持股

北京某教育软件公司A，一直打算并购南京一家软件公司B，主要是由于公司B拥有公司A开发软件时必需的技术，但经过几次协商后未果，于是找到持有公司B 30%股份的股东第三方公司C，因为公司A与公司C有一定业务往来，所以对公司C实施投资，而公司C是以增发的方式实施股权激励，所以增发股票给公司A，使得公司A持有了公司C 18%的股份。这样一来，公司A即对公司B实现了间接持股，从而通过第三方公司C得到了所必需的技术。

在股权激励中，间接持股经常出现，因为企业有融资需求。所以，间接持股的实现往往是通过对一家企业的控股股东的直接持股来实现的。

◎ 股权激励疑难问答

问：间接持股的公司是否可能直接持股该公司？

答：可以的。这种情况经常出现，但是这种直接持股+间接持股的方式一旦出现，往往说明这家公司对持股公司有着收购或控股的意向，因此应引起注意。尤其是上市公司，当一家公司对其有直接持股的情况时，应随时观察这家股东的意向，一旦其通过其他股东或市场大举收购本公司股票，往往意味着有兼并本公司的意向。因此，企业在向上游或下游企业激励时，应格外注意激励对象的情况。

7.3.3 交叉持股

交叉持股，是指几家公司互相直接或间持股对方公司的股份。比如A公司持有B公司的股份，B公司持有C公司的股份，而C公司反过来又持有A公司的股份。这样一来就形成了三家公司的互相的间接持股（见图7-16）。

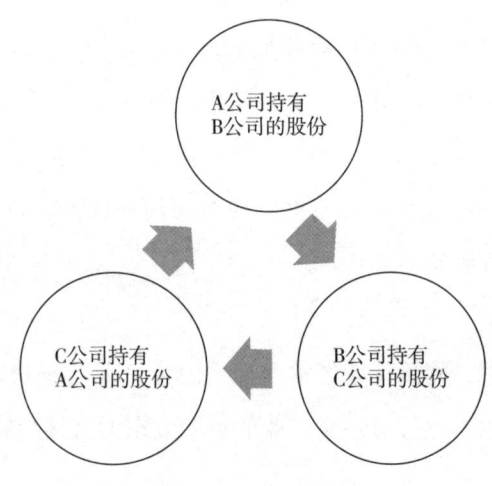

图7-16 交叉持股

这种情况在上市公司中经常出现，尤其是市场走向好的时候，交叉持股从投资的角度而言，是一家公司看好其他公司的业务，所以参与其中。从股权的角度分析，交叉持股的出现，往往能够形成一种相互的制约。如果交叉持股的几家公司同处于一个行业的不同产业链位置，往往会相互促进与制约，防止行业恶意竞争的出现。因此，不少行业的上市公司，均采用股权激励的方式与上下游企业之间实现交叉持股，以达到相互制衡与约束。

上市公司甲因发展需求，以定向增发的方式向公司乙发行了500股公司的限制性股票。公司乙以激励的方式向公司丙定向增发了500股公司股票。同时，公司丙也向上游企业公司甲定向增发了500股股票。如此一来，公司甲、公司乙、公司丙这三家公司即形成了交叉持股的关系。因三家公司均属于通讯行业，分列于行业产业链的不同位置，所以这种交叉持股的出现，促进了三家公司的积极发展。

值得注意的是，交叉持股经常会作为企业的一种投资需求，尤其是市场处于牛市行情时，这种情况出现得较多。

◎ **股权激励疑难问答**

问：分属于不同行业间的上市公司为什么会经常出现交叉持股？

答：造成这种情况的原因较多，比如：投资需求，或企业多元化发展需求等。市场行情见好时，多数上市公司会参股其他行业的股票，或是投资某些新兴行业企业的原始股。或是当企业需要多元化发展时，对相关技术领先的企业进行参股，以实现技术的借鉴等。所以，交叉持股的实现，应视本企业的需求来决定。

第8章

激励风险：
认识风险，才能更好地规避风险

股权激励能够刺激企业的发展，但激励不当，也会产生各种各样的风险。因此，需要认识风险并找出各个风险基因，制定出规避风险的举措。

8.1 股权激励的四种风险

企业在实施股权激励时,一定要清楚股权激励中存在的各种风险,这样才能做到有意识地规避风险,顺利实现激励计划。

8.1.1 经理人与经理人市场风险

在股权激励中,激励对象如果是企业的经理人,意味着激励是对高管的激励。经理人最关心的往往是自己拥有的股票卖出时的价格,而不是公司的长期价值。通常的激励方案中,经理人的持股数量和时间是有限的,即使是公司再慷慨,也不可能授予经理人太多数量的股票,同时锁定期也不可能过于长久,尤其是上市公司。因为这些因素,都不同程度地影响到了股权激励的效果。

经理人的收入,往往与股票的价值变动相关。这种变动,不仅和经理人的努力有关,还与政治制度、经济状况和行业的景气度等因素有关。

另一方面,作为企业一方,由于经理人市场的不健全,导致企业在录用经理人时,无法直接利用市场的手段对经理人的经营能力给予客观的评判。这也无形中为企业选择经理人带来诸多隐患。比如,如果企业选择了一个经理人,其能力较强,但企业出于保守对其激励较低时,势必会引发经理人的不满,一旦有更好的企业出现,其自然会毫不犹豫地离开这家企业。同样，如果企业激励力度较大，经理人的经营能力有限，无法让企业达到预期的目标，同样会影响到企业的发展（见图8-1）。

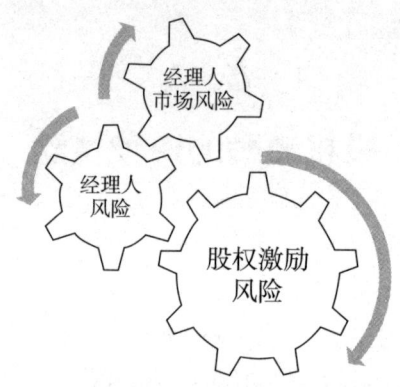

图8-1　股权激励风险

北京某策划公司是一家全程设计企业或公司形象、产品运营方案的公司，专为中小企业服务，曾为中国联通、广誉远等公司设计过推广方案，并成功设计出过背背佳等产品。在管理上，公司一直采用经理人制度，随着公司的不断扩大，企业开始实施股权激励，决定授予经理人5%的公司股权，条件是公司业绩年增长率必须不低于20%。然而，1年后公司业绩仅仅增长了15%。一来因公司为非上市公司，股份即使授予了经理人，卖出仍然是个问题；二来公司采取年薪制+股份的薪酬制度，这使得经理人工作2年后收入偏低，最后离开了公司。而公司在管理上及业绩上也受到了影响，不得不再次挑选经理人。

在股权激励中，经理人的风险，主要来源于我国经理人市场的不健全，而随着国内各个市场的不断成熟，经理人与经理人市场风险，也将慢慢减弱。

第8章 激励风险：认识风险，才能更好地规避风险

◎股权激励疑难问答

问：如何控制经理人风险？

答： 在国内经理人市场不健全的背景下，企业在选用经理人时，不应过于注重其过往的业绩，而应侧重于实践的检验。在对经理人实施股权激励时，不要一开始就授予其大比例的公司股份，应掌握好数量的度，并且多从公司业绩的提升方面来设置考核条件。尤其对于初创企业，业绩的增长才是硬道理。而上市公司，应从关注企业是否具有可持续增长的角度出发，去考量经理人的业绩。

8.1.2 会计风险

会计风险，主要来自于会计制度的变更。企业在实施股权激励时，一定要按照会计准则及新的制度来执行。同时，还要注意《会计准则》与《公司法》之间如果出现了不一致时，应在《会计准则》的规定下，力争符合《公司法》的相关规定，这样才能有效规避会计风险（见图8－2）。

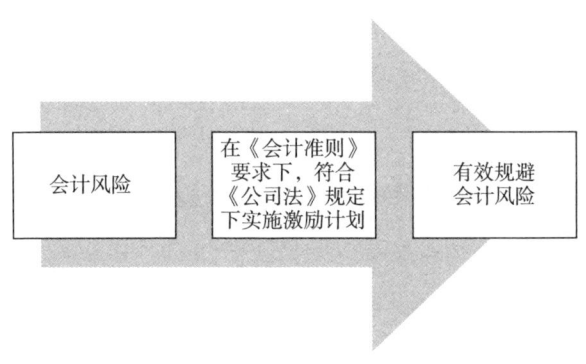

图8－2 会计风险

《公司法》中规定：公司收购本公司股份"奖励给本公司职工"时，用于收购的资金应当从公司的税后利润中支出，不能列入公司的成本费

用。但是在2006年3月，财政部发布了67号文件，其中对回购股份奖励给职工的情况进行了具体的规定：回购支出从未分配利润中转入资本公积金。

而在《会计准则第11号——股份支付》规定：完成等待期内的服务或达到规定业绩条件才可行权的换取职工服务的以权益结算的股份支付，在等待期内的每个资产负债表日，应当以对可行权权益工具数量的最佳估计为基础，按照权益工具授予日的公允价值，将当期取得的服务计入相关成本或费用和资本公积。

某上市公司在2017年实施了一项限制性股票的激励计划，其没有像大多数上市公司一样采取定增的方式获取股票，而是利用之前公司转入公积金的税后利润从二级市场上购买了部分公司股票用以激励。这样一来，就完全符合《公司法》的要求。

同时，因为是限制性股票，而不是期权，所以规定只要到期达到了考核标准，激励对象即可解锁股票，并在等待期后自行在二级市场上交易获利，所以也完全符合《会计准则》中的规定。

◎ 股权激励疑难问答

问：企业在实施股权激励时，怎么才能规避会计风险？

答：关键在于企业要及时按照最新的《会计准则》执行，所以最好的方法是及时了解《会计准则》的新规定，以及改变的地方，如果发现激励计划与其有冲突时，应及时按照相关规定修改。同时严格按照《公司法》中相关的纳税要求来执行。

8.1.3 法律风险

股权激励的法律风险，是来自我国相继出台的《公司法》与《上市公司股权激励管理办法》中关于规定上的不统一所造成的风险。企业在实施股权激励时，尤其是上市公司，应当权衡其利弊，避其害，取其利，严格以自身标准制定具体激励计划。

不同结果的法律规定：

（1）《股票上市规则》与《公司法》对激励股票禁售期的规定不一致。《公司法》规定：公司董事、监事、高级管理人员，在任职期间，每年转让的股份不得超过其所持有本公司股份总数的25%。证券交易所《股票上市规则》规定：董事、监事和高级管理人员在任职期间及离任后6个月内，不得转让其持有的所任职上市公司股份。如果公司是按照《公司法》来制定激励方案的话，很可能发生违反《股票上市规则》的规定。

（2）《公司法》与《上市公司股权激励管理办法》的相关规定不一致。例如，股权激励上限的规定不一致。在《上市公司股权激励管理办法》中规定：上市公司全部有效的股权激励计划所涉及的标的股票总数，累计不得超过公司股本总额的10%。而《公司法》的规定是5%以下。例如，库存股保留的时间规定也不一致。《公司法》规定：公司回购本公司股份并奖励给公司职工的，所收购的股份应在一年内转让给职工。而《上市公司股权激励管理办法》中却没有相关的规定。如果遵守《上市公司股权激励管理办法》制定激励方案，就很可能出现违反《公司法》规定的情况（见图8-3）。

宝胜科技创新股份有限公司是一家上市公司，在2013年8月，公司实施了一分股票期权的激励计划。为了避免在法律上的冲突，公司此次授予

法律风险	
《公司法》与《上市公司股权激励管理办法》的相关规定不一致	《股票上市规则》与《公司法》对激励股票禁售期的规定不一致

图 8-3　法律风险

的股票期权数量为 945 万份，占公司总股本比例的 2.30%，这一总量既低于《上市公司股权激励管理办法》中规定的 10%，又低于《公司法》规定的 5%，很好地规避了法律风险。

◎ 股权激励疑难问答

问：非上市公司在实施股权激励时，是不是只要符合《公司法》规定即可规避法律风险？

答：是的。非上市公司在实施股权激励时，应严格按照《公司法》规定来实施即可。但是作为新三板企业，因规定应参照上市公司股权激励的方法，所以应以上市公司的标准来要求。同时那些有上市需求的企业，同样要严格按照《上市公司股权激励管理办法》中的规定来实施股权激励，为企业日后上市铺平道路。

8.1.4　资本市场风险

股权激励在资本市场上存在风险，对于上市公司与非上市公司风险隐患是不同的，这一风险不容忽视。

（1）上市公司的资本市场风险。

在股权激励的实施过程中，要对整个公司的业绩必须有一个客观的评价,但要完成这一任务,从理论上来讲,是由资本市场来承担的。然而,目前中国的资本市场还处于发展和摸索阶段,并不成熟,尤其在资本市场资金力量的操纵下,以及政策上的干预,使得社会审计体系无法保证在完全客观公正的情况下正常运行,所以效率极低。

比如一家上市公司,很难通过公司股价来确定其长期价值。这就不同程度上注定了,对于股权激励的受益人——经理人,往往在无形中要承担较大的市场潜在风险。若是公司股价被大幅炒高后,公司以限制性股票,即使再以50%的价格折价进行激励,也很难保证当激励对象能够行权时,股价会有所提升。而这一市场的不确定性,就增加了激励对象的潜在风险。

与此同时,国内缺乏客观有效的市场评价,企业很难对经理人的业绩作出合理评价,因为即使公司业绩到了考核期出现高速增长,也并不一定是经理人的努力工作所导致的。所以,企业很难通过股权激励的方式,来正确评价和激励经理人。这是上市公司实施股权激励所面临的系统性风险问题。

(2)非上市公司的资本市场风险。

非上市公司同样存在着很大的市场风险。例如,一家民营企业,首次融资中公司的估值肯定不高,但融资后公司发展过程中逐渐在行业中占据了一定地位,此时再融资必然会引发公司估值的大幅提升。此时,如果公司进行股权激励的话,股份价格的定价就会发生变化。尤其是对于互联网企业,或许一年后公司又会在竞争中处于落后的地位,甚至是倒闭,这就导致了股权激励成为看得见摸不着的"海市蜃楼"(见图8-4)。

2015年11月,乐视网科技有限公司实施了一份股权激励计划。根据这份计划,公司授予360位公司员工共计1856万份期权,行权价格定为

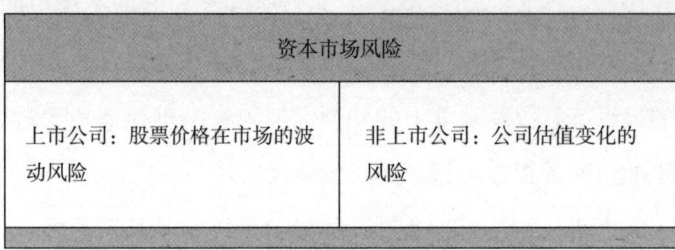

图 8-4 资本市场风险

38.84 元。这是公司第三次推出股权激励计划。根据规定，在 2017 年这一年里，激励对象是可以行权的，然而自进入 2017 年 3 月后，公司股价一直徘徊在 30 元左右，且到了 4 月 14 日时便开始处于停牌状态，收盘价为 30.68 元。其后，公司总裁贾跃亭辞职，乐视商城也处于关闭状态。所有参与这一期股权激励的对象都将面临空欢喜的局面。

乐视公司的这次股权激励，如果暂时抛开经营上的风险，作为一家上市公司而言，在资本市场上的风险也是十分明显的，应引起其他上市公司的警惕。

◎ 股权激励疑难问答

问：如何规避股权激励中的市场风险？

答：对于上市公司而言，首先要从思想上充分认清当前的资本市场，选择适当的时机推出限制性股票的激励计划，尤其要把握好股权激励时公司的股价在市场上的表现情况。同时，可多实施一些期权与增值权的激励，或是优先股激励计划，采取多种激励模式进行激励。非上市公司在实施股权激励时，应忽略估值的问题，因激励是为了留住人才吸引人才，从这个角度出发去实施股权激励，市场风险相对会小。

8.2 股权激励容易引发的四种风险后果

激励风险无处不在,有些风险看起来影响并不大,但所引发的后果极其严重。因此,企业应予以注意,以免稍不留神落入危难之中。

8.2.1 成本风险

成本,就是企业实施股权激励所付出的成本。即企业在制定激励计划时,不能为了实现快速发展而造成激励成本大于收益的情况,即使企业付出的仅仅是期权,也不例外。因为一旦出现激励成本高于企业收益后,企业就会面临入不敷出的情况,从而造成亏损。

因此,企业在实施股权激励时,出发点应是吸引或留住人才,促进公司发展。如果代价太高的话,会使得激励投资的回报率极小,甚至出现成本大于回报的情况(见图8-5)。

图8-5 成本风险

山东某科技公司注册资金为500万元，首次融资到5000万元资金，公司创始人手中仅仅拥有了51%的股份，股份总数有500万份，2017年2月公司决定实施一份激励计划，以股东出让股权的方式扩大创业团队，准备拿出2%的股份进行激励，但股东考虑到目前公司尚处在起步阶段，盈利能力有限且尚未实现盈利，所以最终决定只拿出总数的2%股份权益作为激励。

公司的这种对激励股价数量的下调，其实就是为了能够很好地控制成本，因为后期企业因发展必然要融资，激励成本过大，必然会引发后续的运营艰难。

股权激励计划实施前如何控制激励成本：

（1）股权激励应量力而行。量力而行，是指企业在实施激励计划时，一定要根据自身的实际财务状态，来决定激励的力度。比如：如果企业以股票期权的方式实施激励，首先要考虑的是，企业是否有着较为充裕的现金流来保障激励计划的实施。

（2）激励成本不能高于公司利润。激励成本就是指激励计划中出让股份或期权的总和，如果是股份，计算成本时应以成本计算。也就是激励的价值总和，不能超出企业的盈利，否则就会造成入不敷出的情况。

> ◎ 股权激励疑难问答
>
> 问：上市公司如果以增发的方式进行限制性股票激励，是不是就没有成本风险了？
>
> 答：错了。尽管目前股票市场上，股价还未能完全真实地反映出公司的价值，但是，增发股票看似公司现金付出的成本极小，事实上增发后势必会造成股本的稀释，如果企业的增长性无法弥补这一稀释的数量，势必会引发公司股价下跌。其风险反而更大，因为市场的反应往往更强烈。

8.2.2 目标风险

目标风险，就是企业在实施股权激励后，激励对象最终没有在规定期限内达到激励计划中的预定目标，最终导致激励计划的失败。虽然看起来企业并未损失什么，但长远看，可能会让企业延长发展期，甚至停止前进等。因此，对于企业而言，这同样是一种风险因素，应引起注意（见图8-6）。

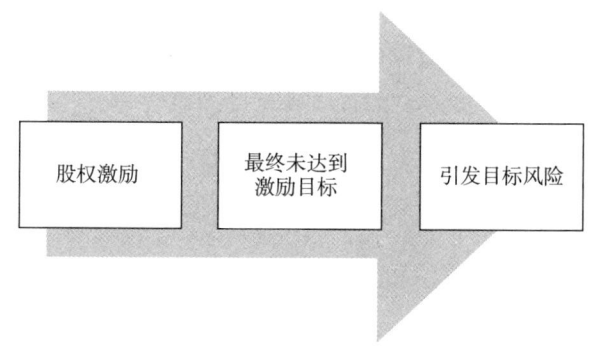

图8-6 目标风险

2016年9月，上市公司三全食品公布了一份激励计划，公司首次授予激励对象1178万股，预留295万股另行激励，激励方式为限制性股票。为了能够尽量规避目标风险，公司采取了缩小目标的方法。激励对象解锁分为三次进行：第一次解除限售为自首次授予日起12个月后的首个交易日起至授予日，解除限售比例为1/3；第二次解除限售为自首次授予日起24个月后的首个交易日起至授予日，解除限售比例为1/3；第三次解除限售为自首次授予日起48个月后的首个交易日起至授予日，解除限售比例为1/3。这种将大目标分割为数个小目标后，激励对象分三次解锁的方式，有效地规避了目标风险。

因此，企业在实施股权激励过程中，应掌握以下几种控制目标风险的方法：

（1）合理设计目标条件。在设计激励目标时，要做到充分调研，以使目标条件更为合理化，这样才能通过激励对象的努力实现激励目标。目标过大或过小，都会给企业造成某种风险。

（2）将大目标分割成若干小目标。每个企业都有中长远的发展计划，尽管有时企业的目标会更大，但设定激励目标时却应采取目标管理法的方式，将中期目标分割成若干小目标，这样短期就可通过激励——实现小目标，最终完成中期目标。

（3）缩短激励周期，分期激励。激励周期相对变短，企业所承受的目标无法实现的风险也会降低。因此，在制定激励计划时，企业应避免一次性激励，避免因激励力度过大，导致激励对象不一定会如期完成目标的情况，从而给企业带来风险。

> ◎股权激励疑难问答
>
> **问**：企业如何激励才能降低风险做到目标更合理？
>
> **答**：对于传统企业而言，可通过量化的方式，从业绩上来制定目标。对于科技型的企业，应着眼于行业的整体状况，以及企业自身所具有的优势与不足，根据业绩增长的速度来制定激励目标。

8.2.3 战略性风险

战略性风险，是指股权激励计划实施后，激励对象通过努力未能达到激励目标，造成因激励方案的失败，从而无法满足公司长期发展的战略需求，导致企业无法如期完成长期目标的风险。

从短期看，股权激励的失败所引发的企业战略性风险，看似对企业没有影响，企业也不会因激励计划的失败而付出代价，但实际上这种风险是不容忽视的。因为每个行业都有不同的发展周期，尤其是当企业处于行业

第8章 激励风险：认识风险，才能更好地规避风险

发展较快的时期时，如果因激励计划的失败而错过了快速发展的机遇，势必会从根本影响到企业整体战略性的发展布局。所以，这种战略性风险，有时候会影响到整个企业的生存，因此不容忽视（见图8-7）。

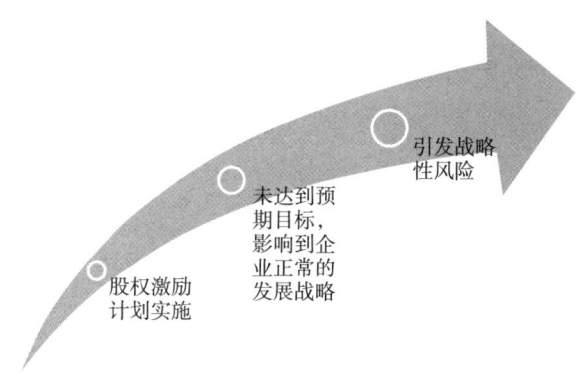

图8-7 战略性风险

上海仁会生物制药股份有限公司在2014年8月11日挂牌新三板市场之前，实施了一项股权激励计划：以公司高管、技术骨干为激励对象，共授予股票期权317万份，股票种类为公司的普通股，约占当时公司股本总额9126.6万股的3.4734%。从激励力度看，公司激励的幅度不小，关键是公司一直处于亏损状态，而公司为什么在挂牌前如此大比例实施激励计划呢？主要是公司的产品谊生泰是针对糖尿病的新药，其专利已经制授权美国、欧洲、日本、韩国、加拿大、印度和澳大利亚等国家，公司的核心就是技术，因此进入资本市场前，公司从战略角度出发，对高管及技术骨干实施了这一激励计划。尽管企业在一直亏损，但公司很好地控制了战略性风险，避免了日后人才的流失。

那么，企业如何控制股权激励中的战略性风险呢？

（1）考核条件应从战略布局上出发。在激励计划中，尤其是对技术骨

干和高管，企业应纯粹从业绩标准出发，看重技术骨干的推进，看其是否对公司日后发展起到关键的作用。只要激励对象积极努力，完成符合公司战略性发展的要求时，就应予以激励，而不是纯粹以业绩看成败。

（2）理性设定激励目标。企业要想控制股权激励中的战略性风险，就要学会理性设定激励目标，让目标成为一种可通过努力达到的标准，同时又不能过低影响到激励的效果。

> ◎ 股权激励疑难问答
>
> 问：控制战略性风险，是不是激励目标越低越好？
>
> 答：不是。激励目标若是过低，员工能轻易实现，会导致员工工作动力不足，无法充分调动自己的工作激情。因此，企业应让员工在明白公司战略意图，看到未来发展潜力的情况下，制定一个合理的目标条件，从而充分调动起员工的积极性。

8.2.4 合法性风险

合法性，就是企业在实施股权激励时，要根据现行的法律规定去进行，尽管相关的法律框架中还存在很多不足，甚至是冲突，但依旧要根据最高标准来执行，或采取其他方式，以免触碰法律红线，在日后引发隐患（见图8-8）。

南京某销售公司在2017年3月创业后，为了实现公司的快速发展，实施了一项激励计划，公司拿出了9%的股份决定对3名销售主管实施股份激励，规定是：公司业绩必须在2018年实现利润超过2017年的80%增长幅度，并禁止转让，一旦离职必须再将股份卖给公司。

这一激励计划，事实上就违背了《公司法》的相关规定。按照《公

第8章 激励风险：认识风险，才能更好地规避风险

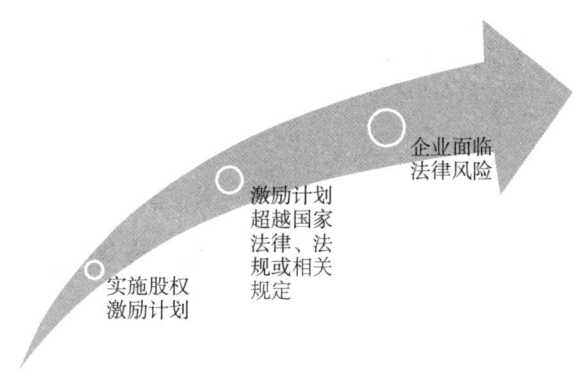

图8-8 法律性风险

法》规定，股权激励的数量必须控制在5%以内。因此，这家公司应重新修订激励计划，以免日后出现纠纷时，无法获得法律的支持。

因此，在实施股权激励时，企业一定要在相关法律、法规的允许范围之内制定激励计划，而不能只是出于企业自身发展的目的随意激励。

> ◎股权激励疑难问答
>
> **问**：如何在股权激励实施时做到合法、合规？
>
> **答**：这就需要企业在实施股权激励时，多向一些专业机构进行咨询，尤其对于初创企业。毕竟大多公司只是关注经营，对股权激励的专业知识了解不多，难免会触撞法律红线。因此，合法、合规就是要学会借用专业机构的知识武装自己，或是直接聘请专业的机构为企业量身定制激励计划。

8.3 三种股权激励的风险防范策略

股权激励的风险并不可怕,可怕的是企业没有事先对可能出现的风险进行评估和有效防范。因此,防患于未然才是最好的防范风险的策略,但亡羊补牢也不失为一种好的防范策略和手段。

8.3.1 合法性风险防范策略

由于股权激励的合法性风险是来自于相关法律的规定,因此,企业要想防范合法性风险,就必须在制定激励计划时,每一个步骤都在法律允许的情况下进行,这样才能做好防范,使激励计划的制定与实施做到有法可依、合法进行。

合法性风险的防范策略(见图8-9):

(1)严格按照股权激励的法律、法规规定设计激励方案。

要使股权激励方案合法,就要在制定和实施时在法律法规允许下进行,而不能在规定不允许的情形下操作,否则一旦在日后实施因意外出现,引发法律纠纷时,落个得不偿失的结果。

(2)对于法律法规中出现矛盾的地方,规避使用这种方式。

法规之间的冲突或矛盾,主要集中在《公司法》与《上市公司股权激励管理办法》《股票上市规则》《企业会计准则第11号——股份支付》之间某些细节的出入，比如：会计处理规定，可以规避开其中的使用方式，而对于其他如激励数量的规定，应按最高标准制定，这样才能保障激励计划的合法实施。

（3）发现激励计划中有与法律、法规相冲突的地方，应及时纠正。

企业在制定好激励计划后，尤其是非上市公司，一旦发现激励计划中存在着与法律、法规中的相关规定相矛盾的细节，应及时对激励计划进行修订。

合法性风险的防范策略		
严格按照股权激励的法律、法规规定设计激励方案	对于法律法规中出现矛盾的地方，规避使用这种方式方法	发现激励计划中有与法律、法规相冲突的地方时，应及时纠正

图 8-9　合法性风险的防范策略

华为技术有限公司是一家民营企业，在 2011 年实施股权激励计划时，激励对象得到了一份合同，即认购一定数量的公司股票的合同。公司规定：这份合同不能被带出办公室，签字后须交回公司保管，且合同没有副本，也不会有持股凭证，只是每一名激励对象均可以通过一个内部账号，查询自己的持股数量。激励对象用于购买公司股票的资金由工商银行、中国银行、建设银行、平安银行等四家银行的深圳分行提供。很明显，这一做法有非法集资的嫌疑。

当意识到这一问题后，公司董事会秘书处向员工发布了一份通知，明确 2012 年虚拟受限股只能通过自筹资金购买，银行不再提供贷款。这样就有效规避了违反公司为员工担保购买股权激励中"企业不得为员工担保购买标的股票"这一规定所可能带来的违规风险。

◎股权激励疑难问答

问：只要公司不为员工提供担保，银行贷款给员工购买公司股票就不触犯法律了？

答：不一定。规定虽然是这样，但是如果同一家或几家银行同时为某企业员工提供贷款服务，此时，即使是企业不为员工提供担保，公司也有涉嫌的风险。

8.3.2 激励目标与成本风险防范策略

激励目标与成本所面临的风险，主要来自于企业实施股权激励计划时，目标的制定与激励股票（股份）总量的控制。所以，在防范这一风险时，企业应当根据实际情况，制定出一个合理的目标，或多个小目标，这样就能将目标分散，有利于逐一实现。其次，成本风险主要来自激励的股份总量和个量的设定，企业一定要在规定之下，进行适当激励，而不能为了达到激励目的，超量进行激励（见图8-10）。

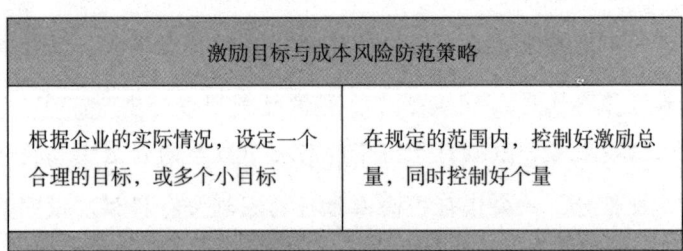

图8-10 激励目标与成本风险防范策略

浙江某影视公司在2017年7月实施了一份激励计划，主要是针对公司高管和技术骨干。公司的长远目标是力争做到行业最好，但这毕竟是一个长远目标，因此，针对这一目标。公司制定了一个5年计划。第一年进行一次考核，业绩必须以2016年为基础，1年后达到增长率不低于30%时，可兑现30%的激励。另外，每两年再进行一次激励，目标是公司业绩不低于30%、40%，即可分批兑现30%、40%的激励，激励为公司股份，总量为公司总股本的4.98%，个量最高为0.89%。

这样做，是因为公司考虑到影视作品的周期性，才分批设置的一个个小目标，以确保激励目标的实现。同时在激励总量与个量的设置上，均未超过《公司法》规定的5%，从而很好地规避了激励目标与成本的风险。

> ◎股权激励疑难问答
>
> 问：为了防止成本风险，控制好激励总量即可，是否可以忽略个量？
>
> 答：不能。虽然激励总量按照《公司法》规定，不得超过5%，但是个量也不能超过1%，否则即使总量控制好了，能够控制成本风险，但是若个量过大，则又会引发股权流失风险。除非激励只是分红权，不包含表决权。

8.3.3 股权流失风险防范策略

股权流失，就是当企业在实施股权激励，以授予激励对象公司股票或股份的方式进行激励时，由于激励股份总量过大，股东拿出的公司股权太多，从而导致股东分散，公司的控制权出现流失（见图8-11）。

1号店在创业后，由于创办者一直采用业绩激励的方式进行激励，所以公司得到了快速发展，但由于公司扩张比较严重，资金链在2010年5月出现问题，导致公司不得不出让80%的股份给中国平安，获得了8000万元的资金。然而，中国平安又继续将股份转卖给了沃尔玛，最终1号店创

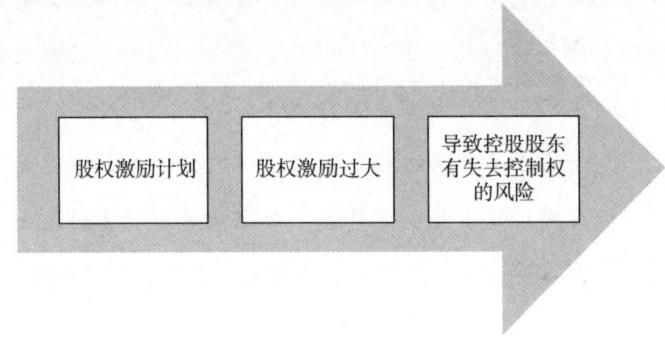

图 8-11　股权流失风险

始人失去了对企业的控制权。

尽管这一结果并不全是因公司股权激励所引发的,但控制权的流失却给公司带来了致命的伤害。1号店高激励和快速扩张的行为,是其成为沃尔玛盘中餐的根本原因。

由此可以看出,无论企业是为了融资,还是纯粹的激励,一定要遵守相关法律规定,控制好股权激励的总量。因为一旦股价总量超出限额,必然会导致控股股东的控制力下降。如果是上市公司,势必会让恶意收购者通过各种渠道收集公司股票,最终达到控制公司的目的。

在这一点上,《上市公司股权激励管理办法》中有着明确规定:上市公司全部有效的股权激励计划所涉及的标的股票总数,累计不得超过公司股本总额的10%。《公司法》里也有明确规定,激励计划的总量必须保持在5%以下。

虽然两个标准不一样,但也很好理解这一点,上市公司因涉及到融资、并购、重组,所以规定是出于确保股权不过度流失的情况下,适当放宽了比例。而《公司法》相应是从大的层面出发,因此适当缩小了激励计划的比例。由于上市公司在实施股权激励时,方案必须上报证监会审核,一旦企业激励比例过大是不会通过的。所以，这一风险主要是存在于非上市公司中，尤其是创业型的公司。不少创业型公司，有时会以发展为目的，股东不惜出让过多的股份，从而造成了控制权的流失。

> ◎ 股权激励疑难问答
>
> **问**：如何有效把控股权激励数量上引发的控制权风险？
>
> **答**：通常情况下，企业在实施股权激励中不会出现激励数量过大的情况，但是一定要将激励计划本身与企业自身的状况有效联系起来。从公司的战略性发展来看，股权激励只是实现快速发展的一方面，企业还要面对融资等情况。因此，企业应量力而行，有效把控股权激励数量，才不致引发丢失控制权的情况发生。